Mala suerte de mi vida

Mala suerte de mi vida
Primera Edición
© Z. Ferro, 2017
© Sobre esta edición: La Pereza Ediciones, Corp
© Colección Bovarismos

Reservados todos los derechos. Ninguna parte de este libro puede ser reproducida, almacenada en sistemas de recuperación o transmitida de ninguna forma, ya sea electrónica, mecánica, por fotocopia, grabación, o de otra manera, excepto que sea expresamente permitido por los estatutos de autor aplicables, o escrito por el autor.

Impreso en Estados de Unidos de América

ISBN-13: 978-09993148-7-6 (La Pereza Ediciones)

Para más información, escribir a:
La Pereza Ediciones
dsasiga@laperezaediciones.com
www.laperezaediciones.com

MALA SUERTE DE MI VIDA

Z. Ferro

PRIMERO

En estos muros sólo estamos de paso. Aquí la meta es partir.
Giusseppe Ungaretti

Desde lo más profundo de su memoria, le llegó el recuerdo de aquella colonia impetuosa de nombre afrancesado que Migue solía guardar en su mesita de noche junto a los pañuelos de bolsillo. La fragancia, la levedad de la tela y el calor de la vieja plancha General Electric que ponía a trabajar los domingos por la tarde, se fueron volviendo parte del sopor que la aprisionaba. Observaba ahora cómo sus dedos se estiraban, abrían la gaveta y ponían los pañuelos doblados en el fondo, con parsimonia, cuando sintió una sensación, un ardor, como si algo la hubiera pinchado, en alguna parte indeterminada de su cuerpo.

Despertó así, sobresaltada, hincada por la incertidumbre y se pasó la mano por los ojos para despejar el sueño forzado, cortesía del cóctel de pastillas de diazepam que tomó la noche anterior.

Un abre y cierra de puertas procedentes del armario la fue sacando del estupor, y sobreponiéndose a la somnolencia, se incorporó abriendo los ojos. La cabeza blanquecina de Migue, con un redondel liso en el centro que la miraba como ojo de cíclope, se inclinaba sobre el suelo a los pies de la cama, y la China la miraba con sorpresa, sin poder precisar en qué momento su marido se había quedado calvo. De espaldas a ella, con el armario abierto de par en par, Migue recogía papeles y zapatos y los iba echando sin orden alguno dentro de una maleta que alguna vez fuera negra, ahora gris y empolvada. Sobre la cama, amontonadas sobre las sábanas destendidas que aún la cubrían, una mar de camisas, pantalones, cintos, y una docena de pomos de perfumes y cremas de afeitar a medio usar, se agolpaba con indiferencia. La China repasó lentamente los confines del cuarto encrespado por el desorden, y sintiéndose claustrofóbica, presa en su propia inmovilidad, abrió la boca y tragó con aprehensión una bocanada del aire acondicionado que salía por la boquilla del techo.

– ¿Qué pasa Migue? – tosió, casi ahogada, la pregunta.

Migue, que no se había percatado de ella, despierta, clavándole los ojos saltones en su cabeza casi calva, se volvió sorprendido y ahora la miraba extenuado, con una expresión insondable y un cansancio de siglos, sus propios ojos comprimidos por unos círculos negros que parecían enmarcar el cristal de sus espejuelos. No era solo la calvicie; mientras ella dormía, Migue se le había convertido en el viejo que iba a ser por el resto de sus días, la desgastada versión de un hombre que por muchos años la hizo feliz.

– ¿Qué pasa Migue? –preguntó mientras empezaba a tomar conciencia de su voz, sin poder recordar si ya había formulado la pregunta. "Última vez que me tomo un diazepam", pensó, tratando de espantar aquel atolondramiento causado por el fármaco. "Cada día me hacen más daño." Y se volvió para mirar a Migue, esperando una respuesta.

– ¿Que qué pasa? Que me voy, China. Que no aguanto más. Y no me mires así, no te hagas la inocente que me molesta cuando pones esa cara. Tú bien sabes que lo nuestro no aguanta más.

– ¿De qué tú hablas Migue? Cara de sueño es lo que tengo. Dormí muy mal anoche. ¿Qué te vas? ¿*Pa* Cuba?

– Mira China –ahora era Migue el que tenía los ojos desorbitados, con unas venas rojas surcando las pupilas, envenenadas de una rabia inusual– Me voy *pa*... Me voy de aquí. Me estoy yendo hace un mes pero tú ni te has dado cuenta. O te ha importado poco porque no has dicho ni una palabra. Ya no puedo más con esta vida. Tú y yo ya no somos nada. Desde hace mucho China, desde antes de lo de Luisito. Si no me fui antes fue porque... porque... qué sé yo por qué... porque me da lástima dejarte sola, porque tú no tienes a nadie en este país. Pero ya no puedo más. Me voy. En la gaveta de arriba tienes el dinero del alquiler y un extra para el mes. Luego ya veré cómo hago para dejarte más.

La China trató de incorporarse pero le faltaron las fuerzas y la cabeza le dio vueltas como si se hubiera montado en un tiovivo. Migue había hablado más en dos minutos que en los últimos cinco años y esa elocuencia, mezclada con el aroma del recuerdo, le provocaron una revoltura que le nació en la boca del estómago y se extendió deprisa por todo su cuerpo. Por mucho tiempo, Migue, sin importar la pregunta, contestaba con monosílabos, frases cortas cuando más. Y aquí estaba ahora, delante de ella, vomitando un discurso memorizado sabía Dios desde cuándo, un discurso de despedida, de final, de adiós. La aturdió ese Migue de tantas palabras. O quizás eran las palabras en sí, zumbando en su cabeza, erráticas, aguijoneándole el tímpano con agudeza de avispa. Pensó ir hasta él, pero Migue estaba tan cerca y tan lejos... el mínimo espacio que los separaba era infranqueable. Y no se levantó de la cama, no se movió, no hizo nada.

– Migue... –alcanzó a decirle. Pero ya él había tirado todo dentro de la maleta, y atravesaba el umbral del cuarto, dejando en el aire una nube de fragancia olvidada y el vago olor de su cuerpo en las sábanas sin estirar de su lado de la cama, donde durmiera la noche anterior por última vez.

La China escuchó a lo lejos el portazo que le retumbó en la cabeza como un golpe de martillo. Con las manos temblorosas, buscó el pomo de *Tic-Tac*s donde guardaba los diazepam y se tomó tres, uno detrás de otro. Sin agua. El agua y la cocina le quedaban demasiado lejos de la cama. Nunca antes su minúsculo apartamento con vista a Flagler le pareció tan grande. Con una vaga sensación de angustia volvió a quedarse dormida, en otro de esos sueños prestados del que despertaría más de veinticuatro horas después, con el presentimiento conocido y aterrador de que una vez más la vida le cambiaba el curso y la mala suerte volvía a colarse por la rendija de la puerta.

SEGUNDO

Yo sé que existo porque tú me imaginas.
Ángel González

Isabel Choy Paredes, la China para amigos y familia, no era mujer de *echarse a morir*. Ella lo sabía. No era novata en el arte de lidiar con el dolor. La ayudaba el tener una memoria selectiva y una dosis confiable de somníferos y pastillas antidepresivas siempre a mano, que le adulteraban los recuerdos, volviéndolos confusos, como la memoria de los filmes viejos, silentes y en blanco y negro, que viera en su juventud. La China sabía que con el paso de los días las heridas dejaban de sangrar, y cicatrizaban, al menos a flor de piel.

Mil seiscientos treinta y siete días atrás, había pasado lo de Luisito. Un dolor punzante, incontenible le taladró el pecho, y la China se retorció con movimientos de contorsionista, y cayó de rodillas en el pequeño pedazo de cemento que hacía de balcón en el apartamento de dos cuartos de la Pequeña Habana donde vivían entonces Migue, ella y Luisito.

– Luis Manuel Santos Rodríguez… –le dijo con el tono de reproche que siempre acompañaba el uso del nombre completo y los dos apellidos. Su hijo acababa de entrar a la casa y, después de cambiarse de ropa, anunciaba que salía de nuevo. A la feria esta vez. Los *socios* lo iban a pasar a recoger. – ¿Se puede saber qué te crees tú de la vida? ¿Te parece que esto es un hotel para entrar y salir como si nada? *Mi'jo*, calienta la casa un poco aunque sea….

– Ay *mother*, no te preocupes que voy a regresar temprano –dijo él, con una sonrisa amplia en los labios. Pronunció *mother* con énfasis, saboreando cada letra, gesticulando exageradamente. Sabía que no le gustaba que la llamara así. Y a él le gustaba molestarla, verle los ojos echando chispas, para luego venir y abrazarla, y darle un beso en la cabeza con ese cierto aire de paternalismo propio de un hijo que le dobla la altura y el ancho a su mamá.– De verdad. Además, salí muy bien en la escuela este semestre. No te puedes quejar.

– ¡No me puedo quejar! ¡Óyelo tú! –arrancó la China su discurso, ignorando el tono amelcochado con que Luisito trataba de sonsacarla. – Como si eso fuera una hazaña. *Pa* la bobería de clases que dan aquí. Si no sales bien es porque no sabes nada… –y ya estaba lista para una vez más despotricar contra el sistema educacional de Estados Unidos que ella conocía "tan bien", aunque lo más cerca que estuvo de entender su engranaje era cuando limpiaba los pasillos de *Henry Flagler Elementary*, y tenía una visión muy limitada del país porque nunca había salido de Miami. Pero Luisito no le dio tiempo. La abrazó por la espalda y la levantó en peso entre sus brazos.

– *Mother*, ¡estás *majadera* cantidad! –Y se echó a reír. Ella se soltó del abrazo, fingiendo estar brava, pero ya sin autoridad, completamente arrobada por las muestras de cariño del hijo.

– Chico, ya, que tú sabes que *me cae malísimo* que me digas así. A mí háblame en español y clarito.

La risa de Luisito, como campanada de iglesia, aún le resonaba en el pecho. Esa risa despreocupada y abundante de los diecisiete años, cuando todo es futuro y el pasado es simple, y los recuerdos de *allá* y los de *acá* no son una carga ni una contradicción sino pura alegría, y la oportunidad de una vida nueva. Ni su memoria selectiva, ni los diazepam, pudieron borrarle jamás la risa de Luisito a la China de la cabeza.

Y es que el niño les había salido bueno. Y lindo. Una combinación perfecta entre ella y Migue, con los ojos verdosos de su bisabuela por parte de padre y el pelo negro y liso como cola de caballo del papá de la China. Y no solo eso. Luisito era un sol. Buen estudiante, buena persona, buen hijo. Sobre todo eso, buen hijo.

La China venía de una familia pequeña, pero creció escuchando a su padre hablar de la suya, aquella vasta prole que era el orgullo de su abuelo Feng Choy y que se había diseminado por el mundo sin poder restablecer contacto. Su padre, el Chino Choy, contaba esas historias con los ojos diminutos y rasgados perdiéndose en el horizonte, como si quisiera acercar las distancias con su mirada húmeda. La China no quería una familia numerosa a quien extrañar y le dijo a Migue antes de casarse que no tenía vocación de *curiela*. A él le resultó muy graciosa la comparación. Había lanzado una carcajada limpia que rebotó contra el silencio parco de la China y Migue entendió que hablaba en serio. La China sí había deseado tener al menos otro hijo, si fuera hembra mejor, pero Luisito le salió tan bueno desde bebé, que aventurarse con otro siempre la asustaba un poco.

Cuando al fin se decidieron a intentarlo, tuvo un aborto espontáneo a las seis semanas. Pasó cuando sacaba una panetela del horno y sintió un fuerte dolor como si se le hubiera abierto la cintura. Respiró profundo, y ya casi que iba a empezar a decorar el dulce con merengue celeste, cuando el dolor se repitió y un río de sangre empezó a correrle por las piernas. Perdió el conocimiento y debió haber caído al piso, porque allí la encontró Migue, que estaba en el patio *mecaniqueando* y escuchó el estruendo del plato haciéndose añicos contra el piso y detrás el golpe sordo de su mujer desmoronándose sobre la losa. La pérdida los tomó de sorpresa porque aún no sabían que la China estaba embarazada, y puso freno a los deseos de ella de querer ser madre de nuevo. Cuando las cosas *se pusieron malas* en el país, fue Migue quien dejó de insistir.

Na, otro hijo no estaba para ella. Y Luisito siguió creciendo, único y feliz, hasta los diecisiete años, cuando anunció que iba a la feria, atravesó el marco de la puerta en dos zancadas, y el claxon del Mustang Cobra rojo del amigo interrumpiera a la China en su discurso recriminatorio, que también sería su discurso final.

TERCERO

¿Por qué volvéis a la memoria mía, tristes recuerdos del placer perdido...?
José de Espronceda

Un grito la despertó, y golpes en el cristal de la ventana que le quedaba a la cabecera de la cama.

— China... China, por tu vida, abre la puerta que voy a llamar a la policía.

Se levantó despacio y corrió la cortina. La luz del nuevo día le hirió los ojos y se llevó las manos a la cara.

— Menos mal que te despertaste. Ya íbamos a llamar a la policía– y por entre sus dedos pudo ver a Pepe, el vecino del apartamento de atrás y a Mirta, su mujer, todavía en ropa de dormir, con un jarrito plástico en la mano, mirándola con cara de genuina preocupación.

— Abre, anda, que te traigo café.

La China no quería ver a nadie, mucho menos hablar, pero se moría por un buchito de café. Mirta entró primero y la abrazó efusivamente. "Todavía se le bota el café", pensó la China.

— Ay *mi'ja*, me tenías en ascuas. Te estoy tocando la puerta desde ayer. Como no vi el carro de Migue en el parqueo en todo el día, primero pensé que estarías con él. Pero entonces Migue llamó a Pepe anoche y le contó. Yo me puse mal. Pensé lo peor.

Pepe no hablaba. Era un hombre pequeño, de barriga prominente y cara de bonachón, pero de pocas palabras, y pocas acciones también. Mirta no le daba mucho tiempo para hablar y, para actuar, pero solo el necesario. Mirta hablaba y ejecutaba por los dos, y así llevaban ya veintiocho años de casados.

— China, ¿y ahora? ¿De qué tú vas a vivir? Por supuesto que cuentas con nuestra ayuda *pa* lo que te haga falta, pero tú sabes que nosotros no podemos mucho. El retiro mío y el trabajito de Pepe no dan para nada. ¡Ay, estos hombres carajo! –Mirta hablaba como si estuviera pensando, y Pepe no fuera hombre, o no estuviera allí, y como si la China la estuviera escuchando.– Que uno se *jode* por ellos y ellos un día levantan la pata y *si te he visto no me acuerdo...*

El café le había caído en el estómago como un purgante. Sintió una acidez burbujeante, como si le hubiesen abierto una botella de Coca Cola dentro, la espuma con sabor a café fuerte y amargo ahora subiendo en travesía inversa por su garganta. El vómito los cogió de sorpresa. A Mirta, que no paraba de hablar ni un segundo desde que entrara al apartamento; a Pepe, que seguía parado en la puerta esperando por que Mirta saliera para salir detrás de ella, tratando de descifrar mientras tanto quiénes venían en el carro rojo que acabada de estacionarse en el parqueo; a la China, a quien nunca se le hubiera ocurrido que un buchito de café diera para vomitar tanto. Con una mano le hizo un gesto a la pareja de que la dejaran sola.

– Pero China, tú estás muy mal. ¿Quieres...? –alcanzó a decir Mirta cuando la China repitió el gesto y Pepe arrastró a su mujer del brazo hasta sacarla de la casa.

– Déjala sola mima –le dijo en el tono dulzón con que siempre le hablaba– Mejor vuelve más tarde.

El primer día sin Migue transcurrió lentamente, entre arcadas y limpiezas. El recuerdo nauseabundo del vómito sobre las losas blancas, adueñándose de la sala-comedor, hizo que la China se pasara todo el día en el cuarto, dando paseítos cortos de la cama al armario y del armario al baño. Intentó organizar un poco pero se sintió minúscula ante una empresa titánica. Su ropa seguía exprimida en la sección derecha del ropero, mientras que la izquierda, la de Migue, estaba completamente vacía. Era como si el suelo se hubiese levantado de su eje inclinando el armario y moviendo todo en su interior hacia la derecha. La imagen le recordó una foto que vio alguna vez de la torre de Pisa, e instintivamente, torció su cabeza en la misma dirección y se dedicó a mirar sus cosas como si no le pertenecieran, sentada a los pies de la cama.

Localizó los tres pantalones, cuatro *pullovers* y dos camisas que usaba siempre, mezclados entre un montón de ropa que no se ponía nunca, ropa usada en su mayoría, que le regalaban y ella colgaba en el armario con la firme idea de vestir un día, pero el día no llegaba y la ropa seguía allí, esperando.

– Si botaras todos esos trapos que no te pones, tendríamos más espacio –le decía Migue una y otra vez, cuando ella no podía encontrar algo que había puesto "ahí mismo" y "ahora es como si se lo hubiera tragado la tierra."

En los primeros años viviendo en el apartamento, las peleas por el armario abarrotado fueron sido airadas. Migue no entendía el afán de la China de guardar lo innecesario, y la China no entendía cuál era el problema si guardar podía ahorrarles dinero en el futuro, cuando lo innecesario se volviera necesario. Con el paso del tiempo, la efusividad beligerante de Migue se fue transformando en impotencia, luego en tono de reproche, y más tarde en el silencio conformista del que sabe que los argumentos no van a cambiar nada. La China trató de recordar cuándo fue la última vez que discutieron por el armario pero no le vino una fecha a la cabeza. Sí, a Migue hacía rato que habían dejado de molestarle las cosas, y ya no le importaba mucho lo que pasaba dentro del pequeño apartamento con vista a Flagler, en el que pasaba cada vez menos tiempo.

Serían como las tres de la tarde cuando por fin fue al baño y se lavó los dientes y la cara. El espejo empañado le devolvió la imagen desfigurada de una mujer ojerosa y triste. Le dieron ganas de llorar, pero no le salieron lágrimas. Se quitó el pelo de la cara atándolo en una cola de caballo en el centro de la cabeza y ensayó una sonrisa que le salió deformada también y falsa.

"Quita esa cara de condena y *ponte pa las cosas* China", se dijo a sí misma con agresividad, y se dio la espalda, regalándole al espejo su indiferencia.

La China era aún una mujer hermosa. Descuidada quizás. Abatida más que nada. Era, como su sobrenombre indicaba, un poco china, con ojos oscuros y almendrados, cara redonda y achatada, y nariz diminuta. El pelo negro y lacio le comenzaba a emblanquecer por secciones, pero conservaba en su mayoría la fortaleza de sus antepasados asiáticos. El chino le venía por el lado de su padre, un chino más que emigrara a Cuba buscando fortuna en la década de los 30, cuando era aún un muchachito de escasos años y ningún pelo debajo de los brazos. Como tantos otros, a su padre, Huan "Juan" Choy, se le salían los ojos con las mulatas de carnes bamboleantes que tan bien florecían en la isla, y años más tarde se casó con una, a quien veneró como una religión y con quien tuvo a sus dos hijas, la China y su hermana Ileana. Marisol Paredes, la madre de la China, era una mulata oscura de pelo malo pero de una cara lisita y linda y unas curvas que Juan describía —cambiando las *erres* por *eles*, con el típico acento musical con que hablan los chinos el español— como curvas *que palaban el tláfico*.

Con la China la genética hizo una obra de arte, seleccionando lo mejor de cada progenitor y combinándolo en un cuerpo de *criollita de Wilson*, cintura fina y caderas redondas, pelo y ojos oscuros, piel acaramelada y legendarios ojos rasgados. Era relativamente bajita, caminaba con gracia y estuvo a punto de ser estrella del carnaval de su pueblo a los quince años. Lo que nunca fue, en sus cincuenta y seis primaveras recién cumplidas, era una mujer presumida.

A Migue no le importó mucho cuando la vio por primera vez, con el pelo revuelto y las uñas sin arreglar, arrastrando un maletín viejo el día que se iba para la escuela. Él acababa de mudarse al pueblo, le llevaba unos seis años y no era un hombre de escuela, ni libros, ni una educación muy extensa. Él era lo que llamaban un hombre práctico, de oficios y negocios. De sus ancestros heredó el amor y la habilidad para la mecánica y la electrónica, y arreglaba cualquier cosa, desde una bicicleta rusa hasta un Chevrolet del 57. Su padre, un descendiente de gallego nacido en la isla, le había dicho: "aprende bien Migue, que esta profesión va en alza". Y sus palabras fueron una profecía. Con el paso del tiempo arreglar lo inarreglable se convirtió en una virtud muy lucrativa y anhelada por muchos.

Desde que los ojos de Migue tropezaron con la China, todo lo que hizo fue para conquistarla. No parecía ser una tarea fácil. Primero porque el padre tenía fama de recalcitrante y, segundo, porque ella casi nunca salía de la casa. Iba a una escuela interna en el campo donde pasaba la mayor parte del tiempo y cuando venía de pase se le veía poco, siempre de camino a algún lugar. Migue la esperaba en la parada donde la dejaba el autobús escolar, se ofrecía para llevarle el maletín hasta cerca de la casa y trataba de sacarle conversación, pero la China, *guajira* y china al fin, hablaba poco.

De modo que Migue tuvo que cambiar la estrategia y empezó por ganarse al viejo Juan para luego ganarse a la hija. "Tú tienes pinta de *mujeliego*", le había dicho sin muchos miramientos el primer día que Migue vino a la casa con el pretexto de ofrecerle sus servicios al Chino con el triciclo destartalado con que se ganaba la vida, repartiendo pedidos a domicilio y transportando toda clase de objetos menores. Migue se sonrió primero pero luego lo miró serio y le dijo: "eso era en otros tiempos, Juan, ahora sólo tengo ojos para una flor". El Chino le sostuvo la mirada escudriñándolo, tratando de descifrar sus intenciones, sometiéndolo a una revisión lenta y retadora que bien podía ser de sigilo y bien de amenaza. Pero Migue no se dejó intimidar, y Juan se dio por satisfecho y dejó que le arreglara el triciclo. Luego empezó a invitarlo a sentarse en el portal y tomar limonada por las tardes. Allí los jóvenes se miraban de reojo y la China se sonreía bajando la cabeza y daba vueltas alrededor de la casa, tratando de salir con frecuencia al portal, como pájaro tratando de *posarse en el nido*.

Nadie en el pueblo entendía la obsesión de Migue por la China. Era linda, eso es cierto, pero jíbara, arisca, no tenía gracia para vestirse y por lo poco que se le veía en la calle, seguro que no sabía ni bailar. A Migue le sobraban las *mujercitas con quienes restregarse*, y eso solía hacer a menudo, "para no perder la costumbre", como decía él. "No es por mí, es para que a Bartolo no le entre *el gorrión*," solía agregar haciendo un leve gesto con la cabeza y desviando la mirada hacia su portañuela para dar a entender que era su miembro, quien ya tenía nombre propio, el que se entristecía de nostalgia por la falta de sexo. Sin embargo, desde que se pusiera *de a lleno* para la China, y el viejo Juan lo mirara con aquellos ojos rasgados e insondables que le aflojaban las piernas a cualquiera, las cosas habían cambiado, y Bartolo suspiraba melancólico y se retorcía dentro del pantalón a cada visión real o imaginaria de aquella muchacha que le quitaba el gusto por entretenimientos de segunda clase.

Migue acariciaba la idea de tocar sus piernas redondas y subir sus manos hasta esos muslos prohibidos que nunca había visto expuestos al aire libre. Los muslos de la China debían ser suaves y Migue los imaginaba blanquitos, a pesar de que el resto del cuerpo fuera color canela. Su recorrido dactilar seguía entonces hacia la entrepiernas, donde jugueteaba con su sexo, que presentía cubierto por un vello púbico tan negro como su cabello y a partir de ahí ya no podía pensar más. Migue terminaba avasallado por la erección vigorosa de Bartolo y sucumbiendo al éxtasis de la eyaculación anticipada.

Cada vez que la veía, trataba de avanzar en su recorrido tantas veces soñado por el cuerpo de la China, pero sus intentos no habían llegado muy lejos. Y no era que la China no estuviese *metida* con él, los ojitos le brillaban cuando lo veía, pero le faltaba iniciativa, pasión, esa locura carnal que consumía a la mayoría de los jóvenes de su edad. "Debe ser porque es virgen", pensaba Migue, "e inexperta". Y así fue como convirtió ese único defecto que le encontrara a la China en una acariciada virtud.

El último día de los carnavales del pueblo, la fue a recoger como a las ocho, vestido con ropa nueva de pies a cabeza, y con una euforia que le costaba contener. "De esta noche no pasa", se dijo a sí mismo al mirarse al espejo antes de salir de la casa. Juan no estuvo muy de acuerdo con la idea de su niña con Migue en medio de una fiesta de callejeros y borrachos, que era su versión de los carnavales, pero Marisol le salió al paso en defensa de la China, y Juan tuvo que ceder ante la lógica de su mujer. Ellos no estaban criando monjas y además, mucho que luchó Juan para que el negro Cándido, el padre de Marisol, la dejara salir sola con él, un *chino muerto de hambre*. No obstante, le dijo a la China que tenía que ir con su hermana o alguna amiguita, y ella se decidió por la segunda opción, ya que su hermana tenía planes propios y le había dejado saber con anticipación que no tenía interés alguno en servir de chaperona.

La China estaba esperando a Migue en la sala de la casa, con un vestido azul pegado en el torso que se abría como campana a la altura de la cintura y moría unos dedos encima de las rodillas. Irradiaba luz propia y Migue tuvo que hacer su mejor esfuerzo para que Bartolo no se alborotara cuando le pasó la mano por los hombros y así como en un descuido le rozó un seno con la punta de los dedos. Contrario a lo que pensó, la China no hizo movimiento alguno, no se sonrojó, no le puso mala cara, más bien pretendió como si nada hubiera pasado y eso provocó en Migue un envalentonamiento súbito y la seguridad de que ya la tenía *a punto de caramelo*. Cuando llegaron los tres al parque central, ya estaba lleno de gente que formaba grupos alrededor de la recién llegada pipa de cerveza.

Como a la media hora, Migue le hizo una seña a la amiga de la China y empezó a poner en práctica el plan que traía concebido de antemano. Cuando anunciaron que finalmente iban a pasar las carrozas y la gente empezó a aglomerarse a ambos lados de la calle, a la amiga le entró *tremendo dolor de cabeza*, y quiso irse a su casa. Migue se ofreció a acompañarla porque ella vivía del otro lado del pueblo y las calles no estaban como para que una jovencita anduviera sola por ahí. "Si nos apuramos de regreso llegamos a tiempo para las carrozas", mintió inocentemente y la China sonrió, y le agradeció sus acciones con la mirada.

Migue no tenía intenciones de apresurar el regreso. Al contrario. Se las ingenió para que tomaran unas calles que se alejaban del centro y del parque, y allí mismo, en la semi penumbra a las afueras del pueblo, en un edificio aún en construcción detrás de la línea de eucaliptos que separaba la escuela primaria de la Carretera Central, haló a la China por el brazo, su cuerpo pegándose al de ella, y sin darle tiempo a decir una palabra, le metió la lengua en la boca mientras sus manos volaban muslo arriba y se crispaban sobre la abundancia de sus nalgas tersas. Con destreza la desvistió, deslizando el vestido que cayó al suelo suavemente, como si la China estuviera mudando la piel y entonces se detuvo a contemplarla por unos segundos. Así, desnuda y monumental, le parecía más apetecible que en sus fantasías y, mientras a lo lejos voces distantes aclamaban el desfile musical de las carrozas, la penetró con ansiedad, masajeando muslos y nalgas, empujándola con fuerza contra la pared sin repellar que le dejaría leves arañazos en la espalda.

La China también sabía que esa noche *algo* iba a pasar. Se había puesto una ropa interior nueva, hecha de un encaje revelador, en la que Migue no llegó a reparar hasta mucho después. Sintió la humedad caliente y unos latidos en el bajo vientre cuando los dedos del hombre le acariciaron los pezones, le apretaron las nalgas, le estimulaban lugares de su sexo que ella no sabía que podían suscitar tanto placer hasta aquella noche. Y cuando sintió que algo en su interior la laceraba, y un gruñido de dolor se le atascó en la garganta, supo que el momento más temido había pasado, y la ligera incomodidad que le producía el sexo ajeno calando su intimidad, no era tan grande como para privarse de aquel calor de macho ardiente que abrasaba su cuerpo, tan deliciosamente, por primera vez.

CUARTO

De ninguna suerte debemos fiarnos menos que de la buena.
Séneca

Para todas las personas que conocía, los altibajos de la vida tenían una distribución más o menos normal y equidistante. La China, sin embargo, podía señalar el momento exacto en que su vida, hasta entonces una curva de creciente felicidad, comenzó a descarrilarse loma abajo. En la vida de la China, la mala racha, como ella solía llamarle para darle un sentido temporal, había empezado un martes.

La doctora de cabecera le había dado cita para revisar los resultados de su última prueba citológica. De allí salió con la remisión para un Ginecólogo Oncólogo en La Habana que todo el mundo decía era Dios en la tierra en cuestiones de cáncer de ovarios, y que además era amigo de la doctora e iba a atender a la China como un favor personal.

Tener contactos era indispensable, la China lo sabía muy bien. Ella misma se la pasaba ayudando a su familia y amistades con cosas que le hubieran costado bastante de tener que pagarlas, y comprometía a Migue con arreglos gratis de todo tipo, aun cuando en ciertas ocasiones Migue le decía con tono de reproche: "China, *dale suave* con los favores que así no hay quien viva".

Lo cierto era que en medio de una situación económica precaria a la que paradójicamente llamaban *Período Especial,* donde escaseaba hasta el aire y las personas, envueltas en toda clase de vorágines para *buscarse la vida*, parecían hormigas locas cargando a sus casas lo que encontraran y pudieran, la China solía extralimitarse. Se había echado sobre los hombros el peso de la casa de sus padres y los de Migue, y era la tabla de salvación de más de una amistad, a quienes socorría cuando no tenían comida caliente para servir a la mesa o les faltaba cuarenta pesos para pagar la electricidad.

– China, ¿tú no te das cuenta de cómo están las cosas en la calle? –le recriminaba Migue una y otra vez– Yo me mato trabajando para que aquí no falte nada pero es como echar arena en un saco sin fondo. Está bueno lo bueno pero no lo demasiado.

Lo que Migue no entendía era que precisamente porque ella sabía lo malas que estaban las cosas, era que la China no podía dejar de hacer lo que hacía. Se sabía afortunada porque su familia no pertenecía a la gran masa de quienes no tenían zapatos para sus hijos, y eso le generaba una especie de sentimiento de culpa. "Migue *sabe buscarse la vida*, China", le decían sus amigas con un deje de envidia. "Que suerte tú has tenido con él *mi'ja*. Mira el desgraciado de mi ex marido… cincuenta pesos mensuales de manutención y a regañadientes."

La China tenía suerte y ella lo sabía. Lo supo siempre. Apreciaba su buena fortuna, y daba gracias cada día a puertas cerradas. Sin embargo, se cuidaba de presumir de ella porque en aquella tierra, donde como decía su mamá, *la suerte era verde y se la comió un chivo*, ese regalo divino la avergonzaba un poco.

Sí, la China no se podía quejar. Había sacado el cuerpo de su familia criolla, nada de la menudez de su padre chino. En la escuela no era brillante pero pasaba de grado sin gran dificultad. Tenía unos padres excelentes que sentían devoción el uno por el otro a pesar de las diferencias raciales, y las criaron bien a ella y a su hermana, que era casi unos diez años mayor y quizás el único real contraste de la casa, porque tenía un carácter tormentoso y ácido que no parecía venir de la sangre china ni de la cubana. Y luego, muy joven aún, la China se encontró a Migue, el tipo de hombre que cualquier mujer hubiera deseado, que además la adoraba.

— China, contigo me caso y te pongo a vivir como una reina —le dijo Migue después de aquella primera experiencia sexual cerca de los eucaliptos.

Como era de esperar, una vez que la calentura del momento hubo pasado, ella entró en una crisis de pánico porque, qué iba a pasar si alguien la veía y se lo decía a su papá y lo peor, qué iba a pasar ahora, que ya él había logrado lo que quería.

— China, lo que yo quiero eres tú. Lo que pasó esta noche no cambia nada. Al contrario —le dijo Migue, posando un ligero beso en sus labios antes de dejarla en el portal de su casa a las doce en punto, como acordara con la familia.

— Marisol —le dijo a la madre de la China cuando abrió la puerta—, dígale a su marido que mañana vengo al mediodía a hablar algo con él.

La suerte de la China era la envidia de todos. Migue se casó con ella y se fueron a vivir solos en una casita pequeña pero muy bien cuidada, a las afueras del pueblo, que le dejaron a él sus abuelos. Entre semanas trabajaba de sol a sol en un taller de mecánica que improvisó a un lado de la casa, pero los fines de semana los dedicaba a su mujer y su familia. La China se matriculó en una escuela técnica para aprender oficios útiles como el bordado y la repostería, que les ayudaron a ganarse la vida. La China bordaba como si hubiera nacido para hacerlo, y todas las embarazadas le encargaban sus canastillas, que ella con ilusión propia llenaba de muñequitos, flores, lazos e iniciales. También hacía dulces y los vendía, y se hizo famosa por las panetelas rellenas con crema de mandarinas y las tartaletas de almendras. No les faltaba clientela ni dinerito en el bolsillo para cubrir sus gastos y, con frecuencia, sacar de aprietos a los suyos.

La China supo que mejor suerte no podía tener cuando nació Luisito y lo tuvo entre sus brazos y comprobó que no le faltaba ni un dedo de las manos ni de los pies. Una noche, a los pocos meses de embarazo, soñó que daba a luz a un niño deforme y un ápice de terror de que pudiese ser verdad había quedado en su corazón pese al criterio de los doctores. Tras comprobar que ese, el primero de sus miedos, resultó ficticio, a la China comenzó a asaltarla un nuevo miedo; uno que se le alojó como una semillita y empezó a hacérsele árbol dentro. Era el miedo a que un día la buena suerte se evaporara y ella, la china con más suerte del mundo, finalmente cayera en desgracia.

¿Qué pasaría si un día la vida se daba cuenta de que ella tenía todo lo que podía desear y decidía quitárselo? Pensar que un día pudieran cobrarle todas sus bendiciones juntas a un precio tan alto que ella no pudiera pagar, la horrorizaba. Y quizás por eso, y no porque fuera tan buena persona en realidad, se desvivía por ayudar a su gente, como pago, como retribución por la suerte que le cayó del cielo, y para tener a la vida −o a Dios, o a quien quiera que le estuviera enviando la suerte− entretenida y contenta.

− China, ¿pero qué bobería es esa? −le dijo Migue el día que ella le habló sobre sus miedos−, qué bien se ve que tienes de todo. Si tuvieras *piso de tierra* no tendrías tiempo para pensar en las *musarañas*.

Migue tenía razón. Su naturaleza pragmática le impedía entender esos llamados de la intuición. Sus preocupaciones eran materiales, físicas, raramente espirituales. Pero a su manera, la China también tenía razón. Había una fuerza invisible que aglutinaba el mundo, una energía flotante que era responsable de las cosas que no tienen explicación. Ella la vio en los ojos sumergidos de su padre cuando meditaba sentado en el patio, ajeno a los revuelos del vecindario, y en sus historias de travesías marítimas para llegar a una isla hasta donde otros tíos, ya muertos, lo guiaron para encontrar su felicidad. Lo vio en la fe de su madre por la Virgen, a quien ofrendaba miel y flores amarillas y monedas de a centavo en el simulado altar que mantenía en el último estante de la cocina, y en la sonrisa anciana de su madrina —sabia de cuerpo y alma— cuando le daba la bendición en una lengua extraña. Y por eso, aquel martes, de camino a su casa, con el papelito que le entregó la doctora semi estrujado en la mano, un sentimiento de aceptación más que de angustia fue lo que le apretó el pecho. Había entendido que, tarde o temprano, la buena suerte terminaba por agotarse y presentía que, para ella, el momento había llegado.

QUINTO

Hoy miré mi pasado en las fotos de ayer; cuántas cosas cambiaron en todos estos años...
Rudy la Escala

*Ponerse pa las cosa*s, en el vocabulario de la China, era sinónimo de limpieza general, como si hubiese una relación directa entre el agua, el cloro y su sentido de la realidad. Se puso la bermuda *jean* de siempre, un pulóver viejo que ya sobrepasaba el límite de su utilidad y pedía a gritos que lo botaran a la basura, y empezó a sacar cosas del armario, y a tirarlas encima de la cama para doblarlas, organizarlas y volver a colocarlas luego. Sacudió, fregó el baño, le echó agua a las paredes de la cocina, y tanto desinfectante que tuvo que salir al balcón para sobreponerse al ahogo. Puso su CD favorito para cuando necesitaba justificar la tristeza, Rudy la Escala, con esa voz herida y esas letras sangrantes que eran capaces de hacer llorar al llanto. "*...El cariño es como una flor, que no se puede descuidar...*", era todo lo que ocupaba la cabeza de la China ahora y, con el piso inundado de agua con cloro y la cama convertida en una montaña de regueros, se sentó al borde del inodoro a llorar. Lloró en silencio primero, unos lagrimones gordos que le corrían mejilla abajo como el agua que sale de una llave abierta. Poco a poco el llanto comenzó a volverse más frenético, más agitado, más convulso. Le lloraban los hombros, los brazos, al abdomen, las piernas; le lloraba cada línea del rostro, cada poro del cuerpo sudado por el esfuerzo físico y la desilusión.

Con el último charco del suelo se secó también la última lágrima que la China lloraría en mucho tiempo. No lloraría cuando le avisaran que tenía que irse del apartamento porque: "que pena, no podían darle más plazos para pagar la renta", ni cuando viera a Migue por primera vez, tres meses después de aquel tirón de puerta, y se enterara de que vivía en casa de su nueva mujer, ni cuando la viera, fea pero más pintada y arreglada que un maniquí de vitrina, ni cuando le avisaran que su hermana había fallecido de repente, aunque esta última noticia sí le provocó una nueva recaída de diazepam, sueño sin sueño y limpieza general.

La China y su hermana nunca habían sido las mejores amigas. Nacidas con casi una década de por medio, les tocó hacer todo en etapas diferentes aunque, contrariamente a lo que se esperara, la China primero y ella después. Quizás no era envidia lo que su hermana sentía por ella, pero sí una buena dosis de resentimiento por esa buena suerte que la había esquivado a ella, cayendo toda sobre la China. Esa parecía ser la raíz de todos las frustraciones venideras: que no hubiera encontrado un marido con vergüenza, que se hubiera quedado embarazada del primer imbécil con quien se formalizara, que luego hubiera pasado de imbécil a imbécil hasta que al final asentara cabeza con uno, del que ella no estaba enamorada pero que la atendía y le criaba a su hijo, y al que tuvo que parirle una hija después porque, claro, él quería saber lo que era tener un hijo propio. Que le hubiera tocado *echarse* la casa encima porque ella, la China tenía la suya, linda y arreglada, y venía *de Pascuas a San Juan*, y se volvía a ir por donde mismo vino, pero la que se quedaba a lidiar con la decadencia y las paredes descascaradas y los huecos en el techo y los viejos insoportables era ella, total, para que nadie se lo agradeciera porque todo era *que si la China esto* y *la China lo otro*. La China que traía cuatro pesos y una cazuela de ajiaco y era como si trajera faisán.

La China sufrió la relación con su hermana desde que tuvo uso de razón y más que tratar de arreglarla, la asumió como su condena, a fin de cuentas, algo le tenía que tocar en la vida. Con el tiempo se convirtió en una espina que crecía hacia adentro y que le pinchaba los órganos, indistintamente, con cada roce. Por eso, cuando la llamaron para avisarle que su hermana ya no estaría más, sintió una especie de alivio, supo que de ese momento en adelante la espina no la pincharía más, y ella, más que su hermana, iba a poder descansar en paz.

SEXTO

Al fin y al cabo somos lo que hacemos para cambiar lo que somos.
Eduardo Galeano

La noticia de que se iban del país la tomó por sorpresa. La China nunca había pensado en irse a ninguna parte, entre otras cosas porque su única referencia del extranjero eran las historias borrosas de su padre, de una China que decidió abandonar antes de abandonarse a ella. El resto del mundo le era tan conocido y tan ajeno a la vez como el Polo Norte de Papa Noel. Tenía una visión microenfocada de la sociedad, y sus esfuerzos estaban dirigidos a resolver problemas comunes, rutinarios, "cosas de andar", como lo llamaba Migue, quien por el contrario, prefería ocupar su mente con "cosas de salir", y se enfocaba en problemas de mayor escala, de un carácter más social y no necesariamente individual. La China sintió que esta salida era, nuevamente, una suerte inmerecida.

A ella, que nunca hizo nada por irse, ahora le llegaba la oportunidad, así de fácil, mientras el marido de Sonia su vecina, y otros cuatro hombres del barrio se habían tirado al mar tres veces y terminaban siempre presos, y su hermana se había inscrito a todos los sorteos habidos y por haber, y hasta se casó por papeles con un ex-preso político sin haber logrado la tan ansiada libertad. Migue la abrazó y abrazó a Luisito.

— Ahora sí que vamos a vivir *como Dios manda* y tú vas a ser alguien, *mi'jo*.

Luisito, de ocho años, no sabía muy bien de qué hablaba su padre, pero su exaltación era contagiosa y se puso a aplaudir y a reírse alto como él. La China se dejó abrazar, sonrió, pero no dijo nada.

– Ay China, tú como siempre, no te emociona nada – la cara de Migue se transformó en un gesto de decepción.

– No es eso Migue –le dijo ella abrazándolo por la cintura y escondiendo la cara en su hombro para que él no la viera–, es que... tú sabes... eso es increíble... ¡tremenda sorpresa! No me lo esperaba. Pero claro que sí, claro que estoy contenta.

De haberla visto, de haber visto sus ojos perdidos y más achinados que nunca, Migue hubiera sabido que la China no sólo mentía sino que tenía la expresión sombría del que tiene un mal presentimiento. De alguna manera, en aquel instante supo que, con irse, no iban a ser necesariamente más felices.

El primer indicio de que la mala suerte acechaba, llegó poco después, cinco o seis martes más tarde. Instada por Migue, fueron a ver a una doctora del hospital del pueblo, que era pariente de Migue, y se sometieron los tres a toda clase de chequeos y exámenes para estar seguros de irse sin ningún problema de salud.

– Lo que nos toque una vez que estemos viviendo *allá* no se puede predecir, pero de aquí nos vamos sanos – anunció Migue un día, sentados a la mesa, mientras planeaba en voz alta los pormenores del viaje. Ya se había informado con unos socios de *allá* que enfermarse era un lujo y no estaba dispuesto a comprometer financieramente el porvenir por no tomar las medidas necesarias.

Cuando la China llegó a la casa y le enseñó el dichoso papelito con la remisión para el Oncólogo, por primera vez desde que se conocieron, vio a Migue descomponerse, la cara alargada en un gesto infantil y la mirada húmeda acentuando la expresión de desamparo. No era solo que su China tuviera cáncer de ovarios, era además el momento en que todo salía a la luz, cuando el futuro estaba por cambiarles para bien y ya tenían, o tenía él, planes de una vida en grande.

A ella le dolió ver consternación e inseguridad en los ojos de Migue, su Migue que siempre sabía lo que había que hacer. Y a falta de respuesta, ella, también por primera vez, tomó la iniciativa diciéndole:

– Mira Migue, vamos a calmarnos. Para la salida falta aún. Esto, lo más probable, es que no sea tan grave. Tenemos que ir a ver al especialista lo antes posible y de ahí *palante*, hacer lo que haya que hacer. Ya se verá. No te pongas así que esto no es nada.

Sus palabras le devolvieron a Migue el alma al cuerpo. Y la China se sintió feliz, una mezcla de orgullo personal y serenidad embriagando sus sentidos. Tuvo en ese momento la corazonada de que la oruga en ella se volvía mariposa y poseedora de esa energía nueva, podría enfrentar cualquier cosa que se avecinara, a la mismísima mala suerte si ya por fin le estaba tocando a su puerta.

SÉPTIMO

El pasado está escrito en la memoria y el futuro está presente en el deseo.
Carlos Fuentes

Diez días después del portazo de despedida, Mirta vino a traerle un sobre cerrado que le dejara Migue en su casa.

– No te lo trajo en persona porque dice que no quería discutir ni verte mal. Migue no es mala persona, China. Se quedó a tomar café y me dijo un montón de cosas. Dice que, desde que pasó lo de Luisito, las cosas entre ustedes cambiaron mucho.

La China hubiera querido decirle que no quería saber más. Que no quería enterarse de lo que le hubiera dicho Migue y mucho menos saber su opinión personal respecto a él. Que lo de Luisito lo había cambiado todo, pero que ya eso ella lo sabía, y que hubiera dado lo que no tenía por volver el tiempo atrás y no haberlo dejado salir de la casa ese día, ni a la feria ni a ningún lugar. Que ella se culpó y perdonó un millón de veces, y aun no se había resignado a saberlo muerto. Pero callar a Mirta era tarea de héroes, y la dejó hablar mientras su mente volaba fuera de su cuerpo, viajando en contra de las manecillas de reloj, a aquellos tiempos que aún se contaban por años. Luisito sonriéndole por primera vez. Luisito diciendo "mamá". Luisito aprendiendo a caminar, cayéndose, embarrándose hasta el pelo de puré de malanga, de cake de cumpleaños, del primero, el tercero, el quinto... en el que ya no se embarró nada. Luisito coloreando, corriendo en el barrio, montando a caballo, ayudando a Migue a arreglar sus *cacharros*, embarrado ahora de grasa, a los seis, los siete. Luisito apretándole la mano en el avión, mientras dejaban atrás la isla, mirándola con ojos saltones, volteando la cabeza para verla mientras se alejaba con pena en su primer día de escuela nueva. Luisito y las tareas en inglés, y sus *mac and cheese lunch*, "muchacho que eso no alimenta, eso es *pa* un día si acaso, arroz, frijoles y pollito es mucho mejor". Luisito a sus 10, sus 13, sus 15; su noviecita de la escuela, a quien quiso comprarle un oso de peluche y chocolates por el día de San Valentín. Luisito y los socios, "tiene más amigos que Roberto Carlos", haciendo referencia a esa tonada que decía *yo quiero tener un millón de amigos*... Luisito y las salidas al *mall* y al cine. Luisito y su risa, sus *mother*, sus buenas notas, sus planes de estudiar medicina; sus dieciséis de aprender a manejar en el callejoncito de atrás del edificio con Migue sentado a su lado, mientras hablaban "cosas de hombres." ¡Y ella que pensaba que estaba aprendiendo a manejar! "Sí claro, mami, eso también." Y el orgullo en la cara de Migue por tener un hijo que ya era todo un hombre. Luisito y sus diecisiete... y luego no más Luisito.

Migue. Migue a su lado. Migue sin Luisito. Ella sin Migue. Migue sin ella. Mil seiscientos treinta y siete días de ella y Migue jugar a las casitas, acompañándose o mal acompañándose, evitando hablar de ciertos temas, sobreviviendo más que viviendo, celebrando las navidades y los fines de años en casas ajenas, para no tener que verse las caras y saberse solos e inevitablemente distanciados.

Migue no era un mal hombre. Ella lo sabía. Habían dejado de luchar por ellos desde hacía mucho. Mucho antes de lo de Luisito. Ella lo quería y quizás por eso, o porque no lo quería como en aquellos tiempos en que estrenaron la casita nueva a la salida del pueblo, lo dejaba hacer. Sospechaba que tenía queridas en el trabajo pero, la verdad, no indagaba mucho. Era mejor no saber. Migue era un hombre que priorizaba su casa y eso era lo importante. "Los hombres son infieles por naturaleza, mija", los consejos de su madre, "hasta a tu padre, que parece que no mata una mosca, lo he agarrado varias veces en puterías."

Y ella lo quería. No sabía querer a ningún otro hombre. Estaba tan acostumbrada a Migue que tenía su anatomía impregnada en la suya. No quería querer a nadie más. La China no era mujer de grandes pasiones. Era una mujer de lucha, de día a día, de estar y compartir, y construir vida y vivirla. Era una mujer para echar raíces. Le había regalado a Migue su virginidad de cuerpo y alma, su esencia de mujer, sus jugos, humedades y sabores. Migue le había enseñado todo y ella aprendió, diligente, aceptando cada lección como si no hubiera sido guiada por él, sino descubierta por ella misma. Amaba como Migue la enseñó a amar, pero adaptando el amor a su manera, una mezcolanza de estilos que improvisaba de acuerdo a su estado de ánimo, que se revelaban entre sudores y espasmos de carne satisfecha, tomándolos a ambos por sorpresa. La China nunca se cuestionó si, de no haber conocido a Migue, ella hubiera podido amar de otra manera.

Migue era el mejor hombre que ella había conocido. En realidad había conocido pocos, pero no le hacía falta un vasto estudio de mercado para saber que su compra tenía calidad. Pero ella, la China, era buena también. Su vida se concentró en su familia, en estar siempre para su familia. Y ahora que una parte se había ido y la otra alejado, ¿qué podía hacer? ¿A quién se dedicaba ella? Las manos le dolían de soledad y quietud. Toda su realidad era desechable, no tenía que doblar ropa de nadie, ni poner la casa linda para cuando llegara nadie. Le salieron callos de esperar por algo que hacer. Después de lo de Luisito, después de que perdiera el trabajo debido a su profunda crisis emocional, que coincidió con una crisis laboral a nivel nacional, sus días empezaron a amanecer y oscurecer irrelevantes en el apartamento con vista a Flagler, al que se mudaron poco después.

– China, ¿por qué no te pones a bordar y hacer dulces, como hacías *allá*? –le dijo un día Migue.

– Porque no estamos *allá*, Migue. Aquí todo está inventado y la gente compra en mercados y tiendas, no a artesanos independientes ni amas de casa.

Por un tiempo Migue trató de matar su dolor volcándose en ella. No la dejaba ni llorar. Su misión, decía, ahora que solo eran ellos dos, era mantenerla entretenida para que no pensara. Y así, en medio del dolor común, empezaron a vivir dolores individuales, mundos individuales, a separarse más que nunca, agobiados por la necesidad de encontrar cada uno un rincón donde el otro no lo viera sufrir. Por eso la China no lo vio partir lentamente, hasta el día en que, finalmente, llenándose de valor, Migue partió.

– Claro –continuaba Mirta su monólogo–, él nunca se hubiera ido si la mujercita esa no se hubiera metido en el camino. Los hombres son así, se envalentonan solo cuando otra le hace *cosquilla en los pantalones*. No dejan *pájaro en mano* a menos que tengan ya otro pájaro en la jaula. Y con la cantidad de zorras que hay en la calle…

Callar a Mirta era más difícil que darle la vuelta al mundo a pie en ochenta días y la China no tenía fuerzas para intentarlo. Contaba con mil seiscientos treinta y siete días de experiencia viviendo dentro una vida diferente de la que vivía fuera. Se encerraba en sus pensamientos, introvertida hasta la punta del pelo, mientras con los ojos seguía los movimientos de cabeza y manos de su interlocutor de turno. Su atención fingida incitaba a monologar. Entonces ella simplemente se marchaba de sí, abandonado su cuerpo, echándose a volar sin alas.

OCTAVO

Somos tan mudables como las veletas
Emily Bronte. Cumbres Borrascosas.

Cuando se despertó en el hospital, después de la operación, la doctora parienta de Migue estaba sentada al lado de la cama leyendo *Cumbres Borrascosas*. Al darse cuenta que la China la estaba mirando, puso el libro en la mesita al lado de la cama y se levantó para darle un beso a la China en la frente.

— Migue viene ahora, fue a buscar ropa limpia y toallas a la casa, para cambiar estas. No se ha ido de aquí ni un segundo —la sonrisa en los labios. — Todo salió súper bien, China. En unos días te vas a sentir como si nada hubiera pasado. La doctora amiga mía habló con nosotros después de la operación. Dice que lo sacó todo para que no tuvieras más problemas. Que el tumor era grandecito pero ya es historia. Ahora solo queda la recuperación. Y a partir de ahí, nada, tratamiento y seguimiento por unos años. Ella nos va a resolver medicamentos para que puedas llevarte y tomar por un tiempo. Mi amiga la de la farmacia me va a avisar en cuanto entre el surtido del mes.

La familia de Migue era muy unida. Hacían del problema de uno el problema de todos y se retroalimentaban unos a otros en una intrincada madeja de libertades y confianzas.

— ¿Y Luisi...? —trató de preguntar la China pero la voz le salió entrecortada y débil.

— Está bien. En casa de tu hermana. Migue fue a recogerlo anoche como tú le dijiste pero ya el niño estaba dormido, y ella le dijo que mejor lo dejara y viniera él a acompañarte. Ya andaba dando carreras por el patio con su primo esta mañana cuando Migue me fue a buscar y pasamos por allá.

La China forzó una sonrisa de despreocupación. Le gustaba que Luisito estuviera en casa de sus padres, con su hermana y su sobrino, pero al mismo tiempo la inquietaba. Temía que de cierta manera la acidez de su hermana y su distanciamiento emocional de la familia afectara a su hijo, el bebé que ella "crió debajo de la saya, y muy dependiente de lo que mami y papi dicen para un niño de su edad", las críticas favoritas de su hermana. Trató, sin embargo, de no pensar en eso. Luisito necesitaba fortalecerse, prepararse para la vida, se dijo a sí misma para convencerse.

– ¿Está bueno? –preguntó, señalando el libro.

– ¡Ay sí, es una belleza! Me tiene el corazón latiendo a millón. ¡Qué amor, China! Pero qué mala suerte la de esta gente... –Ahí estaba. La mala suerte de nuevo. Capaz de hacer de una historia de amor extraordinaria un perfecto fracaso.– Cuando lo termine, si quieres, te lo presto.

La China asintió, aceptando el ofrecimiento. Quería saber más sobre la mala suerte, sus caras y disfraces, su *modus operandi*.

La operación fue un éxito. Una vez más la China se burlaba de la mala suerte y, sin embargo, asumió su victoria con recelo, sin presumir, más bien tratando de ignorar el hecho y deseando que su contrincante tampoco lo notase y arremetiese con fuerza bruta, ensañándose sobre ella.

Un mes más tarde ya la China estaba completamente recuperada. Le siguieron otros meses más de quimioterapias obligatorias que la China resistió muy bien, sin perder completamente el cabello. El susto había pasado.

– Mi China, tú eres de hierro –le dijo Migue con picardía, como quien dice un piropo, mientras la tomaba por la barbilla, la acercaba a él, y le daba un beso de piquito. Ella simplemente sonrió. Se sentía bien. Y llegaba el momento de planear. Y mientras Migue sacaba cuentas y se informaba de pormenores con sus socios de *allá*, la China se preparaba mentalmente para resistir otra embestida de la mala suerte si le daba por aparecer de nuevo.

– Migue, quiero que me lleves por la tarde a casa de Lourdes –le pidió una mañana, sentados a la mesa a la hora del desayuno.

Migue se acababa de llevar la jarra de café con leche a los labios y la miró con ojos asustados, a través del vapor que desprendía la leche caliente. Lourdes era su prima, la doctora.

– ¿Qué te pasa? ¿Te sientes mal?

– No, estoy bien. Es que ella me ayudó tanto con lo de la operación que quiero llevarle un presente y darle las gracias.

A Migue le volvió el alma al cuerpo.

– Ok, Chini –le dijo–. Estate lista a las seis. Hoy voy a terminar temprano.

Le dio un beso en la frente y salió, jugando con Luisito a los *traspiés* mientras iban caminando para la escuela.

Un dulzón olor a cítrico inundaba la casa cuando Migue regresó en la tarde. La China hizo su legendaria panetela rellena con crema de mandarina para llevársela a Lourdes. Había quedado redonda y dorada como un sol. Así, poderosa, con un sol hecho en casa entre sus manos, la China cruzó el umbral de la casa de su prima política, de la que saldría, horas más tarde, entre sus manos ahora, el prometido *Cumbres Borrascosas*.

No apresuró la lectura. Disfrutó, sufrió más bien, cada palabra, cada imagen lúgubre que sugería la lectura y secó más de una lágrima con la punta de su delantal verde olivo. El día que arribó al punto final y colocó el libro en el pequeño librero de la sala con un suspiro desgarrador,

Migue llegó a la casa temprano, anunciando que en veintiún días se iban definitivamente de esa tierra.

NOVENO

El sol acepta pasar por pequeñas ventanas.
Frederuick Van Eden

Cuando Mirta tocó a la puerta aquella tarde, la China acababa de llegar de la calle. Se levantó temprano como todos los días de ese último mes, currículo y libretita de teléfonos en mano, tenis y ropa cómoda, bolso negro que pegaba con todo y botellita de agua dentro para no tener que gastar ni un centavo en la calle. Buscar trabajo estaba resultando más extenuante que trabajar. La China había agotado sus pocos contactos en las semanas posteriores al portazo de Migue. Intentó volver a las escuelas pero las probabilidades eran sombrías.

– China de este trabajo ya no se va nadie –le dijo su antigua compañera de trabajo–. Tenemos beneficios, vacaciones y un salario estable. Hay que estar loco para irse, con lo *mala* que está la calle.

Ella lo sabía. Por un tiempo buscó, después de lo de Luisito, pero por una razón u otra no pudo mantener un trabajo por más de tres meses. Ahora que no estaba Migue, buscaba cualquier cosa, pero ni trabajo temporal aparecía.

Por los últimos tres meses, Mirta bajaba con un sobrecito que Migue le dejaba con dinero para ayudarla con la renta. Y por los últimos tres meses, la China lo tomaba y lo completaba con unos ahorritos que tenía guardados en una cajita de bombones vacía que escondía dentro de la gaveta de la ropa interior. Después de pagar el alquiler, contaba los ahorritos restantes y los devolvía a la cajita. Pero ahora, dentro de la cajita, no tenía nada que contar. El fondo lustroso reflejaba la luz de la lámpara del techo, cada vez que la China la abría, como esperando que un acto de magia convirtiera el vacío en fortuna. La apremiaba volver a trabajar, pero decidió no desesperarse. Algo iba a aparecer. Algo siempre aparecía cuando *tenía la soga al cuello,* cuando no quedaban ahorros y parecía que llegaba el final. Había mucho de crueldad en esa táctica de la vida de llevar las situaciones al límite, pero ella ya no se dejaba impresionar tan fácil. "Mientras yo siga respirando, la vida provee", pensaba y ponía azúcar en el café de la mañana.

La recibió sin zapatos, con el pelo revuelto y el arduo sol de la ciudad concentrado en las mejillas. Los ojos doblemente achinados. Mirta la miró con una expresión angustiada que ella interpretó como el presagio de una nueva complicación. Sin decir palabra, como en una película silente, la invitó a pasar y cerró la puerta. Sin decir palabra tampoco, Mirta se sentó a la mesa del comedor, sacó una carta del bolsillo y se la dio a la China. Tenía su nombre impreso al frente y el número de su apartamento. Dentro, en menos de una cuartilla, la administración del edificio le comunicaba que, si no podía abonar el pago de la renta correspondiente al mes anterior y el del entrante antes del día primero, debía abandonar el edificio a más tardar el día cinco.

Sorprendentemente, no fue Mirta quien rompiera el silencio.

– ¿Cuándo…? –dijo la China sin terminar la frase.

– Esta mañana. Ya te habías ido y Vincent pasó por la casa a preguntar por ti. No dijo de qué se trataba pero, a buen entendedor, con pocas palabras…

– Ok.

– ¿Ok qué, China, por Dios? ¿Qué tú vas a hacer? ¿Para dónde vas a ir? Ojalá te pudieras ir para mi casa pero tú sabes cómo son aquí con esas cosas y no van a demorarse en averiguarlo en la oficina, sacarte y subirnos la renta. Ay China, que pena me da contigo… –Mirta le tenía aprecio sincero a la China. Era una mezcla de cariño y lástima, y aunque no se llevaban tantos años de diferencia, Mirta la trataba con cierta actitud maternal.

– Algo va a aparecer, Mirtica. Algo tiene que aparecer –la carta ahora sobre la mesa y ella sentada frente a Mirta, ambas mirando las frutas pintadas en el mantel, absortas por unos minutos en sus propios mundos de ideas paralelas.

– Deja ver si averiguo algo. Pepe tiene unos parientes que pagan por que le cuiden a la mamá que es muy viejita. No sé si están buscando ahora, pero quizás saben de alguien que necesite. También voy a preguntar cuando vaya al mercado, y a Miriam, la del tercer piso, que trabaja en una dulcería... Como tú estudiaste para eso...

La mente de la China dio un salto al futuro y ya era día primero y allí estaba ella empezando a empacar aquel apartamento, pequeño para vivir, inmenso para despedazar y colocar en cajas. Y luego se vio a sí misma saliendo por la puerta, dejando todo atrás, arrastrando la única maleta que ya estaba empacada, la que no necesitaba de *ultimátum* y podía ser acarreada en cualquier momento, la que esperaba inmóvil el momento de partir.

DÉCIMO

Hay gente buena, Irina, pero es discreta. Los malos,
en cambio, hacen mucho ruido, por eso se notan más.
Isabel Allende, El amante japonés

La China puso la copia de *Cumbres Borrascosas*, que le regalara Luisito un día de las madres, en el fondo de la única maleta que tuvo que empacar. La otra, más pequeña y pesada, estuvo escondida en el fondo del armario por años. Era la de sus recuerdos. No podía precisar la última vez que la abrió, pero sabía de memoria el contenido. Su álbum de bodas que trajo de *allá*, junto con fotos viejas de su familia, de la de Migue, de la familia que eran ellos tres solos. Y cosas de Luisito. Los 120 pies cuadrados que fueron el cuarto de Luisito, se resumían en esa maleta. La China no pudo desprenderse de nada. Libros, libretas, juguetes de valor sentimental, ropas preferidas. Aquella gorra de los New York Yankees que le mandaran unos parientes de Migue de la gran manzana. El pulóver desteñido que decía *100% Cubano*, que su primo le mandara con alguien que vino y que Luisito se cansó de vestir y que así, deteriorado al máximo, usado para dormir hasta la noche antes de que saliera de su casa para la feria, aquel día fatal. Sus carritos de colección, incluyendo la réplica de aquel 1995 Mustang Cobra, igual al del amigo que lo vino a buscar y del que poco se pudo recuperar después de impactarse contra un separador de vía en la autopista, cuando trataban de esquivar a un motorista que, según el único sobreviviente de los cuatro muchachos que iban en el carro, salió de la nada. Los diplomas de mejor estudiante de esto y aquello, de *Elementary* y *Middle School* y *High School*. Y fotos. Montones de caras de Luisito bombero, indio y zombie en *Halloween*, karateka, nadador, ciclista, bailador, poeta, hijo pródigo en cualquiera de sus poses.

– ¿Pero que tú llevas aquí, China? ¿Plomo? —dijo Pepe, levantando su maleta de recuerdos con las dos manos y colocándola junto a la otra en la acera.

La China sonrió tristemente, enterrando la vista en la punta de sus tenis blancos. Mirta le dio un codazo y Pepe se dio cuenta de que había cometido una imprudencia. No era plomo, pero a la China le pesaba en el alma más que plomo mismo.

El camino hasta la casa nueva lo hicieron sin hablar. Varias veces Mirta intentó decir algo que generara conversación, pero la China miraba absorta a través del vidrio de la ventanilla del carro y Pepe, feliz de poder ignorarla sin que le pusieran mala cara, silbaba muy bajito la triste melodía del bolero *Somos Novios*. Flagler se arrastraba parsimoniosamente en su trillada línea recta soñolienta aún en ese amanecer de domingo. La China se conocía Flagler como la palma de su mano. Cerraba los ojos y ubicaba casas, edificios y negocios a ambos lados de la calle. Hoy sin embargo, no jugaba al juego de recordar. Iba con los ojos muy abiertos, como si quisiera llevarse en ellos cuanto alcanzaba su mirada, como quien tuviese el presentimiento de mirar por última vez, y quisiera absorber con la vista lo que debían abarcar todos los demás sentidos combinados. Por primera vez la asaltó la idea de que en los últimos años su vida se había circunscrito a una línea recta de calle sucia, bulliciosa y transitada. Y pensó tristemente que lo único que conocía del mundo eran dos ciudades, más bien dos pueblos grandes, uno a cada lado de un mar tropical.

Cuando Pepe detuvo el auto, ya la vista de los alrededores había cambiado como de la noche al día. El sol rebotaba en la quietud de un lago matemáticamente redondo y se estrellaba en la pulcritud de las ventanas de cristal de un barrio residencial de las afueras. Casas de dos pisos se alineaban a la acera, equidistantes unas de otras, equidistantes a su vez del centro de un lago común. Césped cuidado al detalle, exteriores pintados de colores similares, puertas de madera barnizadas, y aspecto nuevo, como si las hubieras acabado de construir. La China miró a su alrededor intuitivamente y se bajó del carro cargando consigo la maleta más pequeña.

— Mira Pepe, qué barrio tan bonito —Mirta miraba a todos lados con los ojos desorbitados. Y mirando a la China—. Qué suerte que encontraras este trabajito. El barrio se ve de lo más tranquilo. ¿Quién pudiera tener una casita aquí, verdad?

La China asintió sin pensar en si estaba o no de acuerdo. No podía desear algo que le era tan ajeno, pero Mirta hubiera interpretado un comentario así como una muestra de desagradecimiento.

Una mujer de unos cuarenta y cinco años les abrió la puerta con una sonrisa. Los besó en la cara. Los invitó a pasar. Les dijo que se pusieran cómodos. Les hizo café.

— Mami no se ha levantado aún. Es raro, porque se despierta con las gallinas. Debe ser que anoche se acostó tarde. Tuvimos visita y ya saben, se nos pasó el tiempo comiendo y haciendo cuentos.

— China, siéntete como en tu casa. Ya luego te muestro todo. ¿Y tus cosas? ¡Tráelas! Tu cuarto está arriba, al lado del de mami. Pero, si te hiciera falta más espacio para guardar cosas, hay un closet extra en el pasillo.

— Gracias, Dania. Pero no te preocupes por mí, que no traigo tantas cosas. El cuarto estará bien. ¿Dónde te pongo la tacita? —le dijo cuando terminó el café.

— Ay, se me olvidó recogerlas. Disculpa, pero ando medio dormida aún —le dijo Dania, sonriente—. Pasa, esta es la cocina. Ponla por ahí, donde quieras.

La China pasó a la cocina, una estancia amplia y despejada, separada del patio por una doble puerta de corredera toda de cristal. El espacio estaba cuajado de sol de domingo. Había una pequeña mesa en una esquina, pero la China fue directo al fregadero, lavó la taza de una vez y la puso a escurrir.

– Mira *pa* eso... acabas de llegar y ya estás fregando. Deja eso, que después yo me encargo. Si aún los muchachos no han desayunado.

– Tú me dijiste que me sintiera como en mi casa – sonrió la China. Y la sonrisa le salió sincera–. Voy a traer las cosas ahora. Pepe, ¿me prestas la llave del carro?

– Vamos, que yo te ayudo –le dijo Pepe, recordando la maleta de plomo y recuerdos.

Cuando regresaron a la sala, Mirta y Dania conversaban encantadas.

– Yo se lo dije a la China, que aquí iba a estar de maravillas. Que Mercedita es un ángel y no da que hacer y que ustedes la van a tratar como de la familia.

Dania miró a la China. La China miró a Dania, y se sonrieron con limpieza. De salida, Dania despidió a Mirta y a Pepe desde el portal y la China los acompañó hasta el carro. Quería agradecerles por ser incondicionales con ella. La China abrazó a Mirta emocionada, como si se fuera a un largo viaje sin retorno y, con los ojos aguados, le dio las gracias por haberle conseguido ese trabajo y por todo lo demás que no dijo, pero pensó para sí.

– Ay China, tú eres como una hermana para mí. Nosotros siempre vamos a estar ahí para lo que tú nos necesites. ¿Verdad, Pepe?

– Claro que sí. Este trabajito te va a venir bien. ¿A las cuatro el sábado?

– A las cuatro –confirmó la China, y Mirta y Pepe entraron al carro y se alejaron por la calle despejada del barrio residencial, amaneciendo. Volverían a hacer el mismo recorrido seis días después, para recoger a la China y llevarla a pasar con ellos el fin de semana, una rutina que se repetiría por los próximos meses.

La China los vio perderse tras la curva y regresó a la casa. Dania le pasó un brazo por los hombros, invitándola a entrar, y cerró la puerta tras ella.

ONCE

—Que los volcanes están extinguidos o activos, es lo mismo para nosotros —dijo el geógrafo—. Lo que cuenta para nosotros es la montaña.
Antoine de Saint-Exupery. El principito

No había gallos en el patio ni en los patios vecinos, y aun así la China se despertó con el sol, con la extraña sensación de haber escuchado un cacareo conocido de gallinero amaneciendo. No abrió los ojos de inmediato sino que se acurrucó en el centro de la cama hecha un ovillo, con la espalda encorvada y la barbilla casi tocándole las rodillas, en esa posición fetal que siempre adoptaba cuando despertaba con añoranza por su viejo pueblo. La China no hacía el viaje imaginario hasta su pueblo muy a menudo. Le costaba desplegar las alas, y mucho más para adentrarse en la neblina pegajosa de un viaje que invariablemente le sabía a desarraigo. Sin embargo, el canto de los gallos era capaz de separar en dos la niebla como en una remota imagen bíblica, y esclarecer el camino, trayéndole a la mente solo los recuerdos apacibles, filtrando también las energías, haciéndola sentir regenerada.

Acurrucada en el centro de la cama, la China paseó por el pueblo amaneciendo, con un olor a café acabadito de colar guiándola en un rumbo incierto, arrastrando sus pies descalzos, embarrándose de polvo y de rocío de yerbas de alcantarilla.

Aquella casa le gustaba. Le gustaba su gente, con una sonrisa siempre dispuesta en la comisura de los labios. Le gustaban los resabios vanidosos de la anciana con la pulcritud de sus ropas y lo arreglado de su pelo. "Yo estoy vieja mi'jita pero no me gusta lucir decrépita", decía con decisión. A la China le gustaba atenderla, porque sentía como si atendiera a su mamá, como si peinase aquella madeja de pelo rebelde e imposible, como si bañara su piel de caramelo quemado. La miraba con la ternura viva en los ojos, y sentía la necesidad infinita de convertirse en maga para satisfacer cada uno de los gustos de la anciana, como le hubiera gustado hacer con su propia madre, quien se le había ido muy rápido e inesperadamente. En aquella casa la China amanecía arropada por el canto de los gallos, depurador de nostalgias, y eso la hacía feliz.

Se levantó renovada y de buena gana se insertó en la rutina de la casa. Aprendía las manías de sus pisos espaciosos y claros, a entender las distancias y reconocer el ruido de los rincones, los equipos electrodomésticos y los silencios. Sonaba la cafetera y aún le daba tiempo para poner el mantel en la mesa para el desayuno. Ladraba Toby y arañaba la puerta de cristal del fondo y era dejarlo todo y correr a abrirle para que pudiera ir afuera, porque Toby era ya un perro viejo sin mucho control y, cuando no se le atendía rápido, evacuaba tranquilamente detrás del reclinable del comedor. Se acababa la novela de las diez y sentía el click del televisor al apagarse, porque *"mi'ja* yo no entiendo estos mandos con tantos botones", y sabía que Mercedes se dormiría pronto. Entonces le llevaba un vaso con agua y le deseaba buenas noches. Se abrían y cerraban los gabinetes de la cocina y detrás se escuchaba la preocupación de la anciana. "Los muchachos ya andan muertos de hambre otra vez. Es porque no comen como Dios manda por andar pegados a los teléfonos y las computadoras. Se van a quedar sin ojos estos nietos míos. Ay China, mira a ver si le encuentras algo de comer antes que se les pase el embullo y se metan de nuevo en el cuarto." Y la China se iba a la cocina a prepararles algo, más por complacer a la señora que por preocupación hacia los muchachos, quienes tenían apariencia de vivir en una burbuja dorada, sin conciencia o interés en la realidad.

El primer día de la China en la casa, al conocer a los muchachos, los sometió a la misma observación rigurosa con que solía catalogar a todos los jovencitos que conocía y que por la edad, se asemejaban a su hijo. La silueta de Luisito entraba entonces a jugar un papel activo. La China lo usaba como modelo para hacer valoraciones, escudriñar sus rasgos y predecir sus personalidades. No se detenía en pequeñeces como diferencias de sexo, pelo o piel. Buscaba la esencia del hijo y se regocijaba cuando descubría que la nueva persona no contrastaba sino que se amoldaba al recuerdo viviente, como eran capaces de acoplarse un cuerpo y una sombra.

En el caso de los hijos de Dania, la China quedó muy desilusionada. Ella deseaba sentir por ellos el mismo cariño transparente que sentía por Mercedes, por Dania, incluso por Ramón, el marido de Dania. Pero la imagen de los muchachos no encajaban con el modelo de Luisito, peor aún, la China veía la silueta de su hijo retorcerse cada vez que ella trataba de superponerla a sus cuerpos. "Luisito, quédate quieto un minuto, déjame ver una cosa", le decía la China, para sus adentros. Pero Luisito se resistía frenético, como una fuerza magnética que repele una semejante.

A sus diecinueve años, Danielito era un muchacho cohibido y pusilánime. No era su adicción enfermiza a los videojuegos, ni su figura vaga y desordenada, ni siquiera la escasez de palabras, lo que más desagradaba a la China, sino aquella falta de brillo en la mirada, aquel desinterés que acompañaba a su persona, que le daban ese aspecto de neumático de bicicleta desinflado. La sombra de Luisito, una sombra activa, juguetona y luminosa, reflejo de Luisito mismo, no correspondía con aquel cuerpo consumidor de luz que no irradiaba ninguna. Desde su primer día en la casa, la China supo que ese niño al que sus padres se empeñaban en hacer hombre a fuerza de recompensas y expectativas, era y sería siempre un caso perdido.

La niña, Lauren, era otra cosa. Tenía luz en exceso y era, indiscutiblemente, el sol de la casa. Todos lo sabían, incluso ella misma, quien se vanagloriaba de su posición preferencial en la familia y le sacaba provecho en todo momento. Era la niña de los ojos de sus padres. A la China, sin embargo, tanta luminosidad le daba la impresión de fuego fatuo, o bombilla que solo alumbra porque está conectada a la electricidad. Aquello no era luz propia. Adivinaba que tanta perfección era el resultado de muchas capas de personalidades prestadas, que usaba a conveniencia para sobresalir en el ejercicio de la vida diaria. La muchachita era vivaracha y desenvuelta, lo suficientemente tímida para lucir adorable y lo necesariamente avispada para ser atrevida. "Una farsante", pensó para sus adentros la China con dureza, y recordó una frase que usaba su madre para describir a las personas engañosas, de apariencia inofensiva que son capaces de acciones oscuras. "Se hace *la mosquita muerta*", sentenció de una vez, y la sombra de Luisito asintió.

Dania y Ramón formaban un matrimonio bonachón y rollizo. Llevaban juntos casi toda sus vidas y quizás por eso se parecían entre ellos. La China imaginaba que si a Ramón le pusieran pelo largo y a Dania la dejaran calva, nadie notaría el cambio. A diferencia de sus hijos, apagados y fatuos, los padres eran la luna y el sol. Lejos de andar buscando pretextos para crear discordias, marchaban a un son de paz que intimidaba a la más resuelta de las guerras. A la China le recordaban a Mirta y Pepe, diferentes pero compenetrados a niveles intrincados, y se sentía agradecida de que aún quedaran personas así en el mundo.

Amantes del compartir y el buen comer, hacían del sentarse a la mesa un ritual sagrado donde prevalecía la buena educación y costumbres pero más aún la familiaridad. Se hablaba incesantemente, se contaban chistes, se compartían vasos y hasta comida de un mismo plato. Dania y Ramón reían con todo el cuerpo; a él le temblaba la barriga y a ella le saltaban los senos, demasiado grandes, incluso para su cuerpo envuelto en carnes. La China los miraba divertida y admiraba su desenvolvimiento con los muchachos a quienes no solo le preguntaban por la escuela sino también por las actividades y los bailes y las fiestas de *quinceañeras* y de *Sweet Sixteen*. Frases como "con la escuela hay que cumplir" y "si salen bien tienen permiso para casi todo lo que quieran", le recordaban a la China sus propias palabras con Luisito. "En este mundo hay que estudiar *mi'jito*, sin un título no llegas a ninguna parte." A la China solo le daba pena porque presentía que, en el caso de Dania y Ramón, las palabras de exhortación caían en el vacío de un pozo sin fondo.

El día corrió su curso sosegado de entradas y salidas, holas, hasta luegos, risas, conversaciones y moderados silencios. La China jadeó sorprendida cuando, sentada en un banco de la cocina, descubrió que en el lago del fondo caía la tarde. La vida en la casa era tan equilibrada como la fotografía de bodas que resaltaba en medio de la sala. El balance de espacios, colores y matices, eran metáforas de un engranaje de valores familiares donde los beneficios se ganan, los esfuerzos se compensan y la suerte no existe, sino que es, como escuchara la China alguna vez, "solo el pretexto de los fracasados".

El recuerdo de su propia felicidad de antaño, cuando su día a día era simple también, las carencias no eran esenciales, y la suerte no era un constante debate existencial, hicieron que a la China se le dificultara el respirar. El tono naranja de la tarde le provocó una acidez cítrica en el estómago, que le subió caliente a la boca como aquel atardecer de verano.

Ellos no sabían. Eran ingenuos y puros y estaban acostumbrados a despertar con el canto de los gallos, sin notarlo. Ellos no tenían idea de que un día su castillo de naipes podía venirse abajo, cubriéndolos por completo de llovizna, humo, suciedad, cansancio, desidia... el estado crónico de la mala suerte. La China hubiera deseado no saber.

DOCE

Tal y como habían prometido al despedirse, Pepe y Mirta fueron a buscarla el sábado siguiente por la tarde para que pasara con ellos el resto del fin de semana. Pasadas las cuatro, se despidió de todos y salió al portal acompañada por Dania y Ramón. Pepe la esperaba frente a la puerta del auto, Mirta de pie a su lado con los brazos abiertos, como si no la hubiese visto en muchos años. La China se alegró de ver aquellas caras conocidas que le transmitían una cálida sensación de hogar.

No terminaba de acomodarse en el asiento trasero y ya Mirta la asediada con un sinfín de preguntas, que intercalaba con retazos de historias, sin esperar por las respuestas... La China sonrió con ternura; los había extrañado.

Pepe puso el motor en marcha. La China miró hacia atrás por el cristal y allí estaban Dania y Ramón aún, frente a la casa, diciéndole adiós hasta que el carro se perdió en la primera curva de la comunidad residencial.

– ¡Ay China, que bueno verte! Te hemos echado de menos un mundo. ¿Verdad Pepe? Cuéntamelo todo... ¡TODO! ¿Cómo has estado? Te ves mejor, si hasta parece que has cogido unas libritas...Ya sé, ya sé que solo ha sido una semana pero te ha venido bien el cambio, tienes colorcito en los cachetes. No lo tomes a mal, pero estabas más descolorida que una alpargata vieja. No me mires así Pepe, que es la verdad. Además, la China es como mi hermana, puedo ser franca. Estabas mal, China, lucías enferma. Después de lo de Migue cada día estabas más triste, si hasta pensé que estabas deprimida. Pero bueno, mejor no desempolvar malos recuerdos cuando tenemos tantas cosas buenas que celebrar.

La China hubiera querido preguntar por Migue, pero pensó que no sería una buena idea. Mirta y Pepe lo entenderían como muestra de flaqueza y empezarían a darle consejos de que "a Migue tienes que sacártelo de la cabeza China, él decidió irse mija, y no piensa regresar". Temió, que de no adoptar esa actitud, ellos tratasen de empujarla a forzar un encuentro, una posible reconciliación. A fin de cuentas, ellos querían mucho a Migue y, por los comentarios insidiosos de los últimos meses, no mucho a su nueva mujer. La China tembló ligeramente de imaginar la posibilidad... "ya ustedes están muy viejos para andar cada uno por su lado. A ti te hace falta compañía y a él atención de su mujer, una mujer que lo conozca como tú".

Mencionar a Migue, de una forma u otra, terminaría por tensar el ambiente cómodo de aquella tarde de sábado, y la China prefirió no correr un riesgo tan previsible. Sin embargo, una corriente suave y cálida le bajó por las piernas al escuchar el nombre, un sosiego anestesiante, como si la cadencia de las letras, puestas juntas, la protegiera. Por unas milésimas de segundo, la China se abandonó al nombre, no a los recuerdos sino al poder elucubrador del nombre. Y así, en un descuido de melancolía y por esas milésimas de segundo, lejos de resentimiento, sintió paz.

– ¡Cuenta China, cuenta que estoy loca por saber! –la voz de Mirta la trajo de vuelta a la realidad– Yo te lo dije, que te ibas a sentir en casa. Ellos son muy buenas personas. Y cuéntame de los muchachos. Deben estar grandísimos ya. La niña siempre ha sido una princesita, desde chiquitica... ¡parecía de cristal! No se me olvida aquella vez que la vi vestida de bailarina... ¡una belleza! Ellos no escatiman con esos muchachos. Y le han salido buenos, la verdad. El grande creo que es un cerebro... Sí, Pepe, ya sé que parece medio entretenido, pero es que así son todos los inteligentes. ¿Es cierto que se ganó una beca para una universidad famosa en otro Estado? Eso me dijo Dania, creo... no sé... yo ando con la cabeza medio mala...Y la niña, ¿verdad que tiene novio? No, Pepe, no es tan jovencita... Debe andar por los quince y dieciséis... A su edad ya tú y yo andábamos en amoríos. Dania y Ramón son bien exigentes con sus hijos y seguramente también lo serán con los yernos y nueras. Pobre muchachito. ¡La que le espera! Para la muñeca de la casa, no debe haber novio bueno. ¿Tú lo has visto, China?

TRECE

La China vio al novio de Lauren una sola vez. Terminaban de almorzar, Mercedes, ella y Dania, que pidió unos días de vacaciones para aclimatar a la China con la dinámica familiar. El sonido ronco de un auto entrando al parqueo llegó hasta la mesa aún a medio recoger, donde hacían sobremesa.

– ¡Llegaron los muchachos! –dijo Mercedes emocionada, como si no los hubiera visto en años, los ojitos convertidos en bombillos incandescentes, resaltando entre la tierna madeja de arrugas de su cara envejecida. Dania comenzó las explicaciones pertinentes.

– Kevin, el novio de Lauri, sabe conducir ya y tiene carro. Y como van al mismo colegio, él siempre la trae por las tardes –y mirando el reloj pequeñito y dorado semi perdido en su muñeca regordeta, añadió–: ¡Mira la hora que es! Si es que te digo, el tiempo pasa volando.

La China asintió mientras se ponía de pie y empezaba a llevar el resto de la vajilla a la cocina y despejaba la mesa. La puerta de la sala se abrió y entraron los muchachos. Lauren delante, conocedora del terreno. Kevin siguiéndole los pasos. El recibimiento fue apabullante, como si vinieran de la guerra. Mercedes aplaudió de felicidad y les estiró los brazos como hacen los niños para que los adultos los carguen. Dania, no acostumbrada a estar en la casa a esa hora, fue a recibirlos a la sala y los estrechó contra su pecho con efusividad, primero a la hija y luego al joven.

– Lauri, corazón, ¡pero que temprano llegaron hoy! ¿Pasó algo? ¡Qué bueno tenerte en casita ya! Hola, Kevin, mi vida, pasa. No tengas pena. Mira, te presento a la China. ¡China! —dijo, alzando la voz. Y una vez más, volviéndose a Kevin, a quien arrastraba ya por el brazo hasta la puerta de la cocina—: Esta es la China, va a vivir con nosotros para ayudar con mami —y agregó bajando la voz a modo de secreto—: tú sabes que ya ella no está para quedarse solita.

Kevin asintió ligeramente, sin articular palabra y se volvió hacia la China que ya salía al encuentro de ambos y le extendió la mano con cierta formalidad. La mirada de Kevin fue rápidamente de la cara a la mano, que apretó con decisión y una vez más a la cara, donde se detuvo unos segundos.

– Mucho gusto, señora. Kevin.

Era un muchacho de piel tostada y pelo y ojos color canela. No era muy alto ni especialmente atractivo. No tenía el cuerpo moldeado, sino más bien magro y huesudo, como si aún estuviera desarrollándose y fuera la versión incompleta del hombre que iba a ser en un futuro.

– Un placer, Kevin. Isabel, pero me dicen la China.

– Es que el papá de la China era chino de verdad Kevin —explicó Dania y el muchacho volvió a asentir con un fingido aire de sorpresa, como a quien se le ha develado de pronto una interrogante centenaria.

– De ahí vienen los ojos rasgados —agregó la China a modo de conclusión.

Kevin la inspeccionó brevemente, como para comprobar su achinamiento, y sonrió satisfecho. Tenía una mirada diáfana y vivaracha que reía más que sus mismos labios y a la China no le pareció casual aquel pequeño descubrimiento. A falta de tema común, todos guardaron silencio por unos segundos y el aire de la sala se congeló incómodamente. Mercedes rompió entonces el hermetismo, reclamando atención desde el comedor.

– Bueno, ¿y mis besos dónde están? Vengan acá, Lauri y *Kevincito*, que no me puedo levantar. Un beso para esta abuela que los adora.

Los muchachos fueron a besar a la anciana. Dania regresó a la mesa y la China se escurrió hasta la cocina.

– ¿Tienen hambre? –preguntó Dania– China, ¿vamos a prepararles algo rapidito? –dijo, sin esperar respuesta.

La China le hizo un gesto suave con la mano indicándole que se quedara sentada, que ella se encargaba, que aprovechara la oportunidad para conversar con ellos, no todos los días llegaban temprano al parecer, ni estaba ella de vacaciones. Sentados a la mesa, con la voz errática de Mercedes repitiendo lo mucho que los quería y lo bellos que estaban su nieta y su nieto postizo, Dania se informó de los pormenores del día, del juego de fútbol que iban a jugar en la escuela esa tarde y de otros eventos importantes que tendrían lugar en las semanas siguientes. Ese curso era el último para Kevin, y venía bien cargado de responsabilidades y decisiones a tomar sobre universidades y carreras. La China lo escuchó hablar animosamente a sus espaldas, de los planes de estudiar Ingeniería Química, pero aún no estaba seguro de qué escuela elegir porque unos programas le interesaban más que otros, pero no quería irse muy lejos de su princesa, a quien aún le faltaban dos años para entrar a la universidad.

Dania y Mercedes suspiraron al mismo tiempo cuando el muchacho se refirió a Lauren y, aunque desde donde estaba ella no podía verla, la China la imaginó bajando la vista hacia la mesa y sonriendo tímidamente, con esa imagen de dulzura e inocencia que Lauren sabía vestir tan bien.

La voz de Kevin se elevaba por sobre las otras, clara y vibrante. La China aisló su tono, repasó sus palabras, sonrió ante aquel acento musical que el inglés natal infligía sobre el español aprendido de sus padres, aunque casi natal también. La silueta de Luisito saltaba emocionada en la cocina, con los mismos ojos jubilosos que descubriera en Kevin, y ella la empujaba cariñosamente con la cadera mientras se movía de un lado a otro cortando pan, untando mantequilla... friendo papas. La China respiró complacida. "Luisito, *mijo*, este sí es como tú", pensó al descubrir que cuerpo y sombra se acomodaban como si fueran harina de un mismo costal.

Kevin nunca lo supo, pero su vaso de jugo de naranja fue el más frío de los dos, con tres cubos de hielo, su hamburguesa fue la mejor cocinada, y sus papas fritas las mejor colocadas a un lado del plato.

CATORCE

"Espera que suceda lo mejor, pero haz planes para lo peor",
solía decir mi padre.
Jeannette Walls. Caballos Salvajes.

Aquel día, varias semanas después, antes de llegar al apartamento de Mirta y Pepe, los tres pasaron por el supermercado y compraron todos los ingredientes para que la China hiciera su legendario pudín casero.

— Es tu culpa que yo no pueda comer pudín del que venden hecho –le reclamó Mirta con un tono que sonaba más a agradecimiento que a reproche–, me mal acostumbraste a los tuyos y ahora no puedo volver atrás.

Esa tarde, desde la cocina de Mirta y Pepe en el segundo piso, con las manos embarradas de pan, huevo y leche, olorosa a esencia de vainilla y azúcar prieta convertida en caramelo, la China se remontó a sus tiempos de repostera, allá en el pueblo, cuando Migue se ponía a *mecaniquear*, Luisito a jugar en el patio y ella perdía la noción del tiempo entre aromas y sabores pegajosos.

La ventana de la cocina de Mirta y Pepe daba al patio común y desde allí la China podía ver la puerta trasera de la que fue su casa por los últimos años. Le parecía ahora como si hubiera pasado un siglo desde el día que Pepe pusiera sus maletas en el auto y partiera hacia un distante barrio residencial. Era como si una nueva línea separara su pasado de su presente, barnizando lo vivido con una capa sepia de antigüedad. A la China le dio un vuelco el corazón cuando se abrió la puerta, y se viró de espaldas para no verse a sí misma saliendo del apartamento con los ojos llenos de lágrimas, seguida por un Migue con pelo aún, solos y cansados de la compartida soledad. Durante los fines de semanas siguientes que pasara en casa de

Mirta y Pepe, la China siempre prepararía sus aclamados dulces con las cortinas cerradas.

– China, mañana por la mañana quiero que me acompañes a hacer unas compritas. Queremos preparar para ver si vamos a la isla en un par de meses –le dijo Mirta en cuanto se montó en el auto aquel sábado–. Los hermanos de Pepe no hacen más que preguntar y mi sobrina menor cumple los quince y le quieren hacer una fiesta. Ya se lo dije a Pepe, que nuestra economía no está para esos viajes, pero tú sabes cómo es eso, la familia llama y bueno...

La China dijo que sí con la cabeza. "Sí, claro, no hay problemas, yo te ayudo a preparar", agregó al notar que Mirta no había visto su gesto de asentimiento. Sin embargo, Mirta continuó su monólogo de razones y excusas no solicitadas.

Con los años, la China aprendió a conocer a su amiga. Sabía que algo no estaba bien. Sabía que aquella exaltación en la voz que para cualquier otra persona hubiera parecido común, no era normal en los monólogos de Mirta. Pepe permanecía callado como de costumbre y la China la dejó hablar, contarle cómo era que querían pasarse unos días en el pueblo de Pepe para ver a unos primos hermanos que hacía más de veinticinco años que no veía, y luego volverían a la ciudad para ver al resto de la familia y estar en la fiesta.

– Ay China, a ti no te puedo mentir –le dijo finalmente cuando Pepe fue a buscar cigarros y ellas se quedaron solas–, el viaje a Cuba es también por otra cosa. Resulta que Pepe tuvo un desliz en nuestros primeros años de casados, mucho antes de venir para acá. Yo lo supe y poco faltó para que nos divorciáramos, pero él me juró que aquello no significaba nada y mi mamá me dijo, me acuerdo como si fuera ahora: "Mirta, a los hombres sus partes le cuelgan por fuera del cuerpo y por eso les cuesta tanto trabajo tenerlas guardadas. Pepe es un hombre como todos los demás. Pero te quiere y vale la pena perdonarle ese defecto de nacimiento".

Los consejos de la madre de Mirta le recordaron de cierta manera los de su propia madre. Algo en la constitución de estas mujeres parecía haber promovido el machismo por generaciones. Mirta era, y era ella misma, un perfecto ejemplo.

— ...pues resulta que de aquel desliz nació una niña, y Pepe no lo sabía. Él me jura que no lo sabía y yo le creo porque lo conozco, y con lo que él siempre ha anhelado los hijos que no pudimos tener, de haber sabido que tenía una hija no se hubiera quedado con los brazos cruzados. La madre, que Dios la tenga donde la quiera tener, parece que no le dijo nada a la muchacha hasta hace unos meses, cuando se enfermó de muerte. La niña creció pensando que el marido de su madre era su padre, y al enterarse de la verdad, por supuesto que quiso conocer a su padre y así dio con Pepe. Yo he sufrido esta semana como pocas veces en mi vida, pero no hay nada que pueda hacer. Esa muchacha no tiene la culpa, y Pepe tampoco. Él no sabía. Así que vamos a ir a conocerla. Ay, China, yo ya estoy vieja para estos sufrimientos. Aquello quedó atrás... y ahora... ahora regresa... y es como una maldición...

La China la escuchó en silencio, pasándole la mano por la espalda a intervalos, dándole la confianza y el apoyo que no podía transmitir con palabras. No era buena dando discursos reconfortantes, pero en este caso en particular, cuando la vida dolía hasta el mismísimo centro y era imposible comprender razones existenciales, las palabras eran vanas como cáscara de arroz en el viento. Y aunque sus lealtades eran con Mirta y con Pepe, quien de engañador pasaba a engañado en una voltereta cruel del destino, lo que más le afligió fue el pensar en aquella muchacha creciendo parte de una mentira, ajena por decisión impropia a las verdades que le correspondían por naturaleza.

Las desgracias siempre empezaban por un desliz. La vida que conocía estaba llena de inocentes deslices que escalaban paulatinamente para luego descarrilarse por senderos angostos. Matrimonios rotos. Vidas rotas. Futuros rotos. La China sabía de roturas y de mala suerte y también de deslices. Migue no había sido precisamente un sacerdote con sotana. No se equivocaba el chino Juan cuando lo llamó *mujeliego*. A Migue las mujeres se le pegaban como si estuviera barnizado con miel. La China notaba las miradas codiciosas que le lanzaban con el *rabito del ojo* al pasarle por el lado, y algunas, las más atrevidas, incluso se acercaban a hacerle preguntas sin sentido pero cargadas de zalamería. Migue disimulaba y siempre se volvía hacia la China para decirle algo y de alguna manera incluirla en el intercambio. Así dejaba claro a las admiradoras, al menos delante de ella, que su mujer *no estaba pintada en la pared*. A la China le molestaba el constante acoso y más aún que Migue la usara para enviar su mensaje de retirada, que le sonaba más bien a postergada conquista. Pero poco podía hacer al respecto. "China, tú eres lo que más yo quiero en la vida." "Yo no le presto atención a saterías de mujeres de la calle." "En la casa yo tengo lo que necesito y más, no me hace falta salir a buscar enredos por ahí." Migue le repetía constantemente a modo de reafirmación y la cubría de besos y abrazos que a la China le sabían amargos.

Sin embargo, aun teniendo en la casa todo lo que necesitaba según él, Migue había tenidos sus deslices amorosos. La China lo sabía, aunque no lo podía comprobar. Lo presentía en la forma en que cambiaba el aire de la casa cuando él llegaba a deshora, con el pretexto perfecto. Lo divisaba en los dobleces de la ropa, en el agua que se acumulaba en el piso del baño después que se daba una ducha, en el hambre desaforada a la hora de la cena. Entonces la China se encerraba en un hermetismo asiático y se volvía distante, resentida y sobre todo impotente, porque Migue actuaba como si no pasara nada, lleno de atenciones y regalos y caricias, y ella con aquella comezón que eran las sospechas lacerando su corazón.

En una ocasión, bañada en lágrimas, había ido a desahogarse a casa de sus padres. Su madre la atrajo hacia el cuarto del fondo, que antes fuera suyo y era entonces el de guardar regueros. "No quiero que nos oiga tu padre", le dijo antes de que ella pronunciara una palabra, adivinando de antemano que aquellas lágrimas tenían que ver con asuntos de faldas ajenas. Y allí, su madre de carnes voluptuosas y espíritu inquieto, coqueta y zalamera pero mujer de un solo hombre, le hizo ver que la lista de virtudes de Migue era más larga que la de sus defectos, *que ojos que no ven corazón que no siente*, y que si su instinto de mujer le decía que si buscaba iba a encontrar, que entretuviera al instinto con otra cosa como atender a su marido y ser para él la mujer que él quería que fuera. "Los hombres son sencillos de entender. Mientras tú les gustas, dan la vida por ti. Pero cuando alguien les gusta más, de repente no vales nada. Tu marido te quiere mucho. Quiérete más a ti misma Isa, y quiérelo a él. Mímalo, reafírmalo como hombre y verás que ese no busca sazón ajeno." Y como para poner punto final a la conversación, le recordó a Ileana, su hermana, que se preciaba de "no aguantarle nada a nadie" y de que "no hay hombre que le haga un cuento", pero al final estaba peor que sola. "Porque la compañía que se busca es más mala que la soledad…"

Los deslices de Migue no tuvieron nombre propio hasta que apareció Alina. Trigueña, alta, enfermera, divorciada, sin hijos, amiga de Ileana. Se había mudado para el pueblo hacía poco pero se conocían de la universidad antes de que ambas dejaran la escuela, Ileana por salir embarazada en el segundo año de la carrera y Alina por irse a vivir con la abuela en Baracoa. En un país donde la movilidad era casi inexistente, Alina se mudaba con la facilidad con que se cambiaba de zapatos.

A diferencia de las veces anteriores, la China no lo vio venir, no lo presintió en el aire, ni el agua del baño, ni en la ropa, ni en los platos desbordados del almuerzo y la comida. Por esos días andaba feliz porque habían mejorado mucho las relaciones con su hermana y hasta dejaba que Luisito se fuera con ella a la playa para que jugara con su primo. La cara de Alina se fue colando en su día a día con la sutileza de un atardecer y cuando la China por fin miró a su alrededor, ya casi caía la noche, inusualmente fría y taimada.

Un día cualquiera mientras ayudaba a Migue a limpiar el carro, la China encontró detrás de un asiento una nota apasionada escrita a mano y firmada con la marca roja de un beso delineado por un creyón de labios. Migue, que cerca de ella le pasaba a los cristales laterales un papel mojado, no tuvo tiempo a reaccionar. Se quedó lívido, más parecido a un cuerpo humano disecado hacía miles de años que al hombre lleno de vitalidad que era. Lo que vino después la China lo recuerda como su primer letargo farmacológico y el principio de su estrecha relación con el diazepam. Migue no se separó de ella ni un segundo, explicándole, pidiéndole, suplicándole que lo perdonara, que había sido un error, el más grande de su vida, le había dado cabida a algo confuso y se arrepentía ahora que se daba cuenta de todo lo que podía haber perdido.

Cuando la China pudo volver a mirarle a los ojos, ya Alina no estaba. "Un error de cálculo", le dijo su madre anciana. "La muy fresca dejó la carta ahí para que tú la encontraras, y botaras a Migue, para aprovechar ella y ofrecerle su cama y su armario como consuelo. Pero se puso de mala suerte, porque Migue te quiere y ella solo probó ser una cualquiera."

Hasta ese día, mientras escuchaba a Mirta llorar las penas de un desliz del pasado que le restregaba su interior ingrávido, la asaltaba la duda de si sería verdad que Alina dejó aquella nota a propósito dentro del carro, y con ella la semilla invisible de su mala suerte.

QUINCE

De sus ocupaciones en casa de Mercedes, la única que la China aborrecía era la de ser chaperona de Lauren y Kevin. No era una tarea impuesta sino más bien sugerida y, hasta cierto punto, esperada. Los muchachos llegaban de la escuela poco después de las tres y media, dependiendo de la hora de salida y las actividades que tuvieran después de la escuela. Dania tenía un calendario en la cocina que actualizaba minuciosamente y pedía al resto de la familia actualizar. La China había notado que Dania solía llamar por teléfono faltando un cuarto para las cuatro, para saber cómo estaba todo y preguntar de pasada si los muchachos ya estaban en casa. Casi siempre pedía hablar con Lauren. Por mucho que estuvieran contentos con Kevin, a Dania y Ramón les preocupaba que la niña tuviera novio. Cuando ella lo anunció, ellos se miraron aterrados, pero no quisieron llevarle la contraria por miedo a que ella se *encaprichara*, se fuera a poner rebelde y empezara a tener novios a escondidas solo para crear conflictos típicos en adolescentes. Ellos lo habían visto ya en familias de amigos y decidieron que cuando les tocara lidiar con el problema, lo enfrentarían de una manera más civilizada.

Kevin era mayor que Lauren. "Dos años a esa edad son mucha diferencia", había dicho Ramón. "Lauren todavía está para vestir muñecas pero Kevin ya tiene instintos de hombre." Sin embargo, que a los ojos del padre, Lauren estuviera aún en edad de jugar a las casitas, no significaba que la muchacha realmente lo hiciera. La China la veía llegar con Kevin cada tarde, tomados de la mano, y aunque fingía estar ocupada atendiendo a Mercedes o haciendo otra cosa, la China no podía evitar darse cuenta cómo Lauren miraba al muchacho, como lo atraía hacia ella cuando se sentaban en el sofá a ver la televisión, como lo tocaba con los pies por debajo de la mesa mientras hacían las tareas. Había un fuego precoz en la niña que los padres no querían percibir, quizás porque delante de ellos Lauren era la encarnación viva de la inocencia y el candor.

Aquel día llegaron más tarde que de costumbre, con la respiración agitada y los pelos desordenados. El timbre del teléfono sonó en cuanto cruzaron el umbral de la puerta y la muchacha tuvo que correr para tomar el auricular de las manos de la China y confirmarle a su madre que sí, que habían llegado hacía como media hora ya, y ahora iban a ver una película porque no tenía tareas ni proyectos que hacer. La China arqueó una ceja imperceptiblemente al escuchar la pequeña mentira piadosa pero Lauren, sutil hasta la saciedad, captó el gesto al instante, y mientras ponía el teléfono inalámbrico en las manos de la China, la enfrentó con decisión, mirándola directamente a los ojos con una intensidad intimidante y hasta provocadora, coaccionándola sin palabras a guardarse de desmentirla. La China, por su parte, tenía andado mucho camino para sucumbir a los desafíos de una chiquilla de quince años y tomó el teléfono sin darse por aludida, dejando a Lauren confundida y sin la seguridad de tener cubiertas las espaldas. A pesar de su aparente ventaja, y muy para sus adentros, la China sintió un ligero escalofrío, una especie de temor inexplicable. La niña de la casa era más peligrosa de lo que creyó en un principio y pensó que quizás era buena idea comentarle a Dania la mentira, solo para darle una lección. Pero al volverse, después de devolver el teléfono a su lugar en la pared, se encontró con los ojos de Kevin clavados en los suyos y cambió de idea. Sin desafíos ni amenazas, con la transparencia de su alma reflejada en la mirada, el muchacho le pedía silencio. La China entendió. Kevin quería con pasión a esa muchachita hipócrita, y le tomó tiempo ganarse la confianza de la familia, y que lo dejaran pasar tiempo con ella en la casa. Ya les permitían ir a varias fiestas de quinceañera y al cine a ver algún que otro estreno acompañados de Danielito, y Kevin estaba esperando la oportunidad precisa para pedirle a Dania y Ramón permiso para que Lauren fuera con él y su familia un fin de semana completo al apartamento que tenían en la playa. Una mentira, por pequeña que fuera, sería un retroceso en el camino de la confianza conseguida. La China entendió y le regaló a Kevin una leve sonrisa que el muchacho interpretó como la señal divina de su buena voluntad.

Esa tarde, mientras Lauren trataba con actitud coqueta de acercársele en el sofá mientras veían la televisión, la China notó que el muchacho mantenía la distancia, cuidándose mucho de acariciarle las piernas que ella cruzaba, instigante, por encima de los muslos de él. La China leyó respeto y agradecimiento en los rechazos de Kevin, y sintió ternura hacia él, tan joven, tan dulce, tan enamorado, tan parecido a su Luisito.

La muerte le robó a la China la oportunidad de ver a Luisito convertido en hombre. La China recordaba que por los días de la feria, finalmente, le confesó que tenía novia, una muchachita de la escuela que ella no conocía pero que era una princesa a los ojos de él. Recordó que haber sentido el despuntar de sus celos de madre; su bebé ya no necesitaba comer de su pico, tenía alas propias y ya empezaba a volar fuera del nido. Recordó que quiso conocer a la princesa para medir su alcance y su talle de mujer en desarrollo, para de cierta forma compararse con ella y saber si aún tenía oportunidad de reconquistar su terreno como la mujer que más lo iba a querer en la vida.

Pero sobre todo, la China quería saber si el corazón de su hijo estaba en buenas manos.

Hubiera querido hacer con Luisito lo que ahora hacía por Kevin, sacarlo de un apuro amoroso, ganarse su confianza y recibir a cambio su vergüenza y respeto. La certeza de saber que el corazón del muchacho estaba expuesto, a expensas de los caprichos de una princesa con ínfulas de reina y ansias de experimentar, la llenó de tristeza. Era como si la vida, y no la muerte esta vez, le robaran la oportunidad de hacer realidad sus anhelos de madre. "Él no es mi hijo", pensó para consolarse a sí misma pero no lo consiguió. La fina línea que separaba el cuerpo del muchacho y la sombra de Luisito comenzaba a sellarse lentamente.

DIECISEIS

Durante los fines de semana que siguieron, la China ayudó a Mirta a hacer listas, comprar y organizar maletines. Pepe se veía feliz en su función de chofer designado, y agradeció a la China el haberlo relevado en la misión que para él consistía salir de compras con Mirta. "Mira esto, Pepe. ¿Qué tú crees? ¿Crees que le sirva a Manuela?" Él no tenía idea de modas femeninas y a su hermana Manuela no la veía hacía más de cinco años. "Mi madre, que en paz descanse, me crió con ropa heredada de mis hermanos mayores", alternando siempre entre tres camisas y dos pantalones, nunca elegidos a su estilo sino ajustados a su talle por la costurera del barrio. Las modas eran cosa de mujeres. Pero Mirta insistía, y los viajes a las tiendas se convertían en un divino martirio. Ahora, mientras la China ayudaba a su mujer en esos asuntos, él tenía tiempo de ir a tomarse un cafecito, y leer el periódico mientras las esperaba sentado tranquilamente en alguna cafetería del centro comercial de turno.

Esa tarde regresaron a casa con las compras finales y se dispusieron a terminar de hacer el equipaje. Faltaba poco para el viaje y Mirta no quería dejar las cosas para el último momento. "Ya yo estoy vieja y estos regueros me atormentan." La China asintió. Recordó el único viaje que hicieron a la isla años atrás, cuando Luisito aún estaba. Fue un viaje triste, sin mucha planificación y, quizás por lo mismo, doblemente atormentador. Su padre chino, su querido y enigmático Juan Choy, había muerto. Se estuvo muriendo por los últimos siete años, desde que la madre de la China enfermó y se les fue de repente, dejando el hueco insondable de su risa despampanante, y una casa silenciosa e inmensa que ya nunca más retumbaría al peso de sus caderas y su andar lento, pero aun seductor. Marisol dejó a Juan con un sillón de sobra en el portal y tres cuartos de cama fría por llenar.

Después de la muerte de Marisol, Juan se volvió más chino que nunca. Una especie de sonrisa eterna se acentuó en sus labios mientras los ojos se rasgaron al límite de lo imposible, y ya solo parecían dos rayitas brillantes y húmedas en su cara redonda. Se sentaba en el jardín sin moverse durante largas horas, meditando, recordando o haciendo las dos cosas a la vez, envuelto en una nube de incienso de sándalo que quemaba sobre un par de piedras planas. Hablaba poco, pero cuando lo hacía, empezaba por cualquier parte de sus recuerdos, sin prestar atención al interlocutor. Así, en sus últimos años en la isla, ya sin su madre alrededor para darle sabios consejos, fue cuando más cerca se sintió la China de su padre y cuando más supo de él, de su llegada a Cuba para trabajar en el restaurante de un tío lejano que llegó a finales del siglo XIX, y cuyo único hijo murió en algún tipo de rencilla callejera. Así fue como se enteró la China de que su padre llegó con la intención de trabajar y regresar por el mismo camino al cabo de unos años. Dejaba atrás una madre, dos hermanas pequeñas y la tumba de un padre ante la que prometió que cuidaría de los suyos. Por eso, durante los primeros diez años de su vida en la isla, Juan Choy no echó raíces, no buscó novia, no trató de asegurar casa. Sus pertenencias cabían en la misma maleta con que había llegado y él deseaba mantenerlo así. Pero diez años pueden ser mucho tiempo para el que espera y su madre murió repentinamente de una enfermedad de pulmón, y sus hermanas, muy jóvenes pero ya maduras para su edad, tuvieron la fortuna de encontrar marido, y ambas partieron a otras tierras, a llevar sus nuevas vidas de familia. Por su parte, Juan no había podido reunir aún el dinero para pagarse un pasaje de regreso, y más desilusionado que empecinado para ese entonces, empezó a valorar la posibilidad de que quizás la isla se convertía en su nueva casa. Ayudó en la transición el conocer a Marisol, la mulata más interesante con que tropezaron sus ojos, y desde entonces, ella, Cuba, y su nueva familia fueron todo lo que ocuparon su corazón nostálgico y doliente de soledad.

El regreso de la China a la isla estuvo marcado por la ausencia de todo lo que fue su vida. No llegó a tiempo para enterrar a su padre, para sostenerle la mano fría y disminuida y decirle alguna palabra mustia. Tuvo que conformarse con la indiferencia de una lápida de mármol sobre la tumba de cemento pintada de cal blanquecina, donde aún no habían muerto las flores de las pocas coronas que colocaron al enterrarlo. Su hermana, más resentida que nunca, casi no le dirigió la palabra. Su sobrino se mostró distante y sólo intimó con Luisito, cercano en edad. Su sobrina era una bebé que la China estaba condenada a no conocer nunca a cabalidad. La casa de sus padres estaba ya en planes de permuta y la suya con Migue otra vez era de la familia, ahora propiedad reciclada de otro primo recién casado. El pueblo parecía más acabado, más lleno de consignas y cada vez con menos verde en los parques y en las aceras. No había nada allí para ella regresar, y por eso nunca más lo hizo. Migue regresó un par de veces. Una con Luisito para darle *una vuelta a los viejos*, y otra solo, para enterrar a su padre, que no salió bien de una operación intestinal.

Mientras guardaba las últimas piezas de ropa en el maletín negro de Mirta, deseaba con todo su corazón que este viaje de su amiga tuviera más de alegría y menos de la ansiedad que presentía podía significar el conocer a la hija de Pepe. La China tenía la esperanza de que Mirta pudiera encontrar en ella la hija que nunca tuvo, y que la muchacha hallara en Mirta un reemplazo sincero para la madre que le faltaba.

— ¡Terminamos! –anunció Mirta, y acto seguido se fue a la cocina a hacer café.

La China la acompañó. Su cuerpo se regocijó en anticipación. Un buen café cubano oscuro en ese momento le parecía el paraíso. Batía con fuerza el azúcar para triturarla y hacerle al café esa capa de espuma densa que tanto le gustaba, cuando tocaron a la puerta. No prestó atención ni Mirta tampoco, porque sabían que Pepe estaba en la sala y podía atender. Pasaron unos segundos en los que el batir del azúcar y el aroma seductor del café llenaron sus sentidos completamente y olvidó los viajes, las razones y los paquetes. Embelesada como estaba, no se percató de que allá en la sala se abría la puerta, y un Pepe un poco contrariado lanzaba un saludo exagerado y chillón como para que se oyera en el resto del apartamento.

— ¡Vaya, hombre, qué sorpresa…!

— ¿Cómo estás, compadre? Andábamos por la zona y me dije, déjame pasar a saludar a mis amigos. Y parece que llegue en buen momento porque huelo cafecito acabado de colar… –la voz de Migue se elevó en el silencio, penetró en el espacio concentrado del apartamento e hizo su camino hasta la cocina, donde la China de pronto volvió a la realidad.

DIECISIETE

Pepe abrió la puerta casi completamente. Allí, en el umbral, estaba Migue, y a su lado una mujer rubia de estatura mediana y labios pintados de rojo. Ambos sonreían de oreja a oreja con despreocupación. Mirta, que reconoció la voz de inmediato, llegó a la puerta en cuestión de segundos y después de darle una rápida mirada a la falsa rubia, se dirigió a Migue en voz baja y con expresión de azoramiento:

– Migue, la China está aquí.

Ya Migue había entrado al apartamento y halaba a la mujer con suavidad para que entrara también cuando las palabras de Mirta lo paralizaron por unos segundos. La brevedad del tiempo transcurrido se expandió y contrajo caprichosamente en las manos de los protagonistas de la escena, que bien hubiera podido ser silente. La carga emotiva que desprendían los cuerpos narraba una historia intrincada con una simplicidad apabullante. Para Migue, aturdido por el extraño recibimiento, y para la rubia que aún no se enteraba muy bien de qué pasaba, los segundos fueron realmente segundos. Mirta sintió que, si bien le tomó un suspiro llegar de la cocina a la sala, ahora llevaba un tiempo incalculable mirando a los recién llegados. Sin embargo, a Pepe, que permanecía estático con la puerta en la mano, se le antojó que habían pasado años desde que sintiera el toque a la puerta.

Para la China, al igual que para Pepe, el tiempo transcurrido era una eternidad. Había escuchado la voz sin poder precisar si venía de su propia imaginación, tan llena de Migue desde siempre. La salida apresurada de

Mirta de la cocina la hizo aguzar los sentidos que le trajeron el flujo de la conversación distante. Siguió la dirección del sonido, se asomó al pasillo, giró la cabeza hacia la sala y lo vio. Migue de pie en la entrada. Migue con su calvicie, sus pantalones *jean* oscuros, sus zapatos mocasines y una camisa de rayas azul clara que compraron juntos alguna vez. Dejó el jarro del café en la cocina y avanzó hacia el grupo que la miraba con la misma minuciosidad con que la miraron años atrás, cuando hizo su entrada al desfile, y casi fue nombrada reina del carnaval de su pueblo. Sentía los ojos ajenos resbalar por su piel, mojarle la ropa, y sintió frío, y la impresión de ser un conejillo de indias sometido al escrutinio del público aglomerado tras un cristal blindado. El pasillo que conducía a la sala le resultó más largo que el del escenario, y sintió el mismo nudo en el estómago y la misma sensación de que en cualquier momento iba a resbalar y caer, y hasta podía escuchar la risa y la decepción de los espectadores. Pepe, Mirta, Migue... Migue con cara de susto, fingiendo un aplomo que ella presentía más falso que el color rubio en la cabeza decolorada de aquella mujer que llevaba prendida del brazo como una calcomanía barata. Ella. ¿Quién era ella? *Ella* tenía que ser para estar amelcochada allí, al brazo de aquel hombre que fuera suyo toda la vida y llevaba su nombre permanentemente tatuado en sus recuerdos. Tenía que ser *ella*... ¿Pero qué hacía allí? ¿Quién le daba derecho a venir a hacer visita a la casa de sus amigos como si fuera una primera dama? Lucía ficticia, excesivamente ataviada y vulgar, con la falta de tacto del nuevo rico que sigue careciendo de elegancia y clase. Uñas acrílicas, demasiado largas y rojas como el creyón de los labios, ojos delineados con lo que parecía un burdo maquillaje permanente, y aquel pelo, cortado por debajo de los hombros y peinado a la fuerza para disimular la resequedad de los años de tintes y cambios de color. Vestía ropa apretada de aspecto juvenil, que contrastaba con su edad, y acentuaban todas las carnes flácidas acumuladas en los lugares incorrectos. La eternidad de los segundos que la China le dedicara fueron suficientes para que el nudo del estómago se disipara, y con él la actitud inmolada de conejillo de indias. La China se sintió erguirse, elevarse sobre el nivel del piso con una seguridad de verdadera reina de carnaval y caminó los últimos pasos hasta llegar al grupo con una altivez nueva y a su forma de ver, totalmente merecida. Esa mujer no era rival para ella. Migue había hecho un cambio del que se iba a arrepentir siempre. El súbito rapto de autoestima la hizo olvidar su posición de aparente desventaja, y como pocas veces en su vida, la China se sintió en control.

Migue fue el primero en hablar. Migue, altivo por naturaleza. Migue, quien después de callar tanto parecía no tener para cuando parar desde aquel día del portazo y el adiós.

– China... ¡Que sorpresa! No sabía que estabas aquí. Yo... estábamos por la zona y pasé a saludar...

– ¿Qué hace ella aquí? –fue su respuesta, sin mirar a la mujer a quien consideraba ya semi invisible.

– China, ya te dije, no sabía que estabas aquí. No vine a molestar. De haber sabido que estabas...

– ¿De haberlo sabido, qué? ¿La hubieras dejado en el carro? –preguntó la China, sabiéndose injusta pero sin importarle.

– No hubiera pasado...

– ¡Oh, claro! Tan caballeroso como siempre. Evitándole malos momentos a la dama. Vamos a ver cuánto le duran los buenos modales al señor picaflor –dijo con marcada ironía, ahora sí mirando de reojo a la mujer que aún parada en el umbral de la puerta, daba señales visibles de incomodidad.

– China, deja eso, vamos a terminar el café –le dijo Mirta, halándola por el brazo. Pero la China era una mole de hierro sembrada en el centro de la sala.

– Migue, que pena, pero quizás es mejor que vengan otro día –dijo Pepe, colorado, mirándose la punta de los zapatos.

– Sí, yo creo que es lo mejor –y refiriéndose a la China–, me alegra verte. Que sigas bien.

Hizo un intento de virar la espalda pero la China no lo dejó. Encarándosele con agresividad, levantó el brazo y le dio un bofetón con todas sus fuerzas. Algo en la ecuanimidad de la China se había quebrado. Para sorpresa de todos, incluso de ella misma, un fuego desconocido pareció desatarse en sus adentros y su rabia milenaria, convertida en llamas, le salía por los ojos como lava de un volcán en erupción. Migue se llevó una mano a la cara sin decir palabra, ahora con los ojos desorbitados por la sorpresa. A la China, un torbellino de palabras atragantadas comenzó a salirle a borbotones del alma, y se espetaron en el rostro de Migue. ¿Se alegraba de verla? Tan hipócrita. Tan desconsiderado. Que viró la espalda y la dejó con una depresión crónica que era *mucho* para él soportar. Migue tratando de replicar, no fue así, él la ayudó con lo que pudo. "¿Dinero? Sí, claro." De nuevo la China a la vanguardia, los puños crispados cayendo ahora sobre el pecho del hombre y su camisa de rayas azules. "Dinero para sobrevivir como si fuera una mendiga. Espérate aquí mismo. No te vayas a ir que voy a salir detrás de ti gritando como una loca para que te mate la vergüenza, tú tan elegante con tu mujercita nueva." La China volviéndose para buscar su cartera encima del sofá, sacando dinero de su billetera y restregándoselo a Migue en la cara con repulsión. "Aquí está tu limosna. Para que le pagues a *esa* una peluquera mejor. Agárralo y piérdete, pero piérdete para siempre y trata de que yo no te vuelva a ver en mi vida. Desaparécete. De ahora en adelante vas a vivir mirando para los lados donde quiera que vayas, porque si te veo voy a empezar a dar gritos y a decir que eres un ladrón de carteras o un enfermo sexual que trató de tocarme. Te voy a hacer la vida imposible, Miguel Santos. Me vas a pagar todas tus infidelidades. Te voy a cobrar la gracia de todas las Alinas con las que te enredabas." "China, cálmate." Ahora era Mirta. "Pepe, ayúdame a llevarla para el cuarto." La China inquebrantable, sembrada en el cemento pulido. Su miedo a la mala suerte, su actitud prudente y protectora que no le sirvió de nada porque la mala suerte le cayó encima con la fuerza de cien, no podían ser su culpa. Ella ayudó a todos los que pudo. Estuvo pendiente de su casa. Crió un hijo que era un sol. Y mientras tanto, Migue, que decía quererla tanto y dar su vida por ella, no hacía otra cosa que criticarla y burlarse de ella a sus espaldas y humillarla en un pueblo donde todos sabían todo. Pero eso a él no le importaba. Ella era el centro de mesa de porcelana que no sirve para nada, pero mantiene la casa bonita y la impresión de clase y decencia. Ella era la imagen de la formalidad que él necesitaba para vivir, porque le gustaba mucho *jugar a las casitas* y tener sus cosas en orden y ser atendido como un hombre trabajador se merece. Sí, a él le gustaba llegar y que la comida estuviera lista y el niño bañado y con las tareas hechas y que la casa resplandeciera de limpia. Por eso la cuidaba y la mantenía, para el beneficio de él, no porque la quisiera mucho sino porque ella le hacía la vida sencilla y placentera, como a él le gustaba. Ay, Migue. Tan calculador. Tan egoísta. Tan acaparador con Luisito. Dándole consejos que no iban a llevarlo a ninguna parte. De no haberse muerto seguro lo ibas a volver el mismo tipo de hombre que eres tú, que se cree *que tiene a Dios cogido por la barba* y no le importan los demás. A ver, ¿dónde estaba el padre perfecto el día que se iba para la feria con los amiguitos? ¿Quién era la sobreprotectora, la que amaneció con una corazonada extraña en el pecho desde que salió el primer rayo de sol aquel día? "Sí muchacho, vete, tu madre está loca, las amistades son importantes, dale, disfruta, vete, no te preocupes si llegas tarde, si no llegas, si te mueres..."

"Basta ya, China. Basta ya." Ahora Pepe. La voz alta como nunca antes, autoritaria. "Se te fue la mano. Las cosas que pasaron con el niño no son culpa de nadie. Mirta, llévatela de aquí." La China, con su rabia feroz y la potencia devastadora de un huracán, sólo buscaba herir, hacer correr la sangre ajena, infligir dolor para ver si de esa manera aliviaba el suyo propio. La China mirando la mano de Mirta agarrarla por el brazo, llevársela por el pasillo, viendo aun la cara descompuesta de Migue, por donde ahora corrían unas lágrimas gordas y silenciosas. La China había dicho de más y ahora se quedaba sin voz, sin fuerzas, pero también sin dolor. El dolor regresaría horas después, cuando saliera de la somnolencia en la que cayera al sentarse sobre la cama y apoyara la cabeza contra la almohada que olía a limpio. El dolor regresaría, pero sólo el dolor de haber cometido quizás una injusticia. No el dolor de perder. Ese se había ido para siempre. La China lo perdía todo, pero ya no le dolía estar sola.

DIECIOCHO

Por varias semanas después del desagradable episodio con Migue, la China no volvió a casa de Mirta y Pepe. Habló con Mirta por teléfono en algún que otro momento y la notó esquiva, distante y como apenada. "Estamos complicados con los últimos detalles del viaje". "Vamos a buscar unas cosas que los primos de Pepe quieren mandar." "Nos vamos este viernes. No estaremos aquí por dos semanas." Mirta trataba de hacer excusas para no decirle directamente que preferían –o quizás, sólo Pepe lo prefería– que no fuera a su casa por un tiempo. En los últimos meses los viajes de los fines de semana se convirtieron en rutina, pero la China no pretendía ser una imposición, y nunca daba el viaje por seguro hasta que Mirta no se lo confirmaba por lo general el jueves o viernes antes.

Durante esos fines de semana que pasara en la casona de Kendall, sintió pena por sus amigos, que parecían haber asumido sus sábados y domingos como una responsabilidad, y ahora no sabían cómo romper la cadena de la obligación. Hubiera querido decirle a Mirta que ella los adoraba y les agradecía todo, pero no pretendía ser una obligación, y si ellos lo sentían así, prefería que no la invitaran más. Estaba aún muy apenada por el escándalo que causara en casa de la pareja, y el haberlos puesto en la situación de tener que presenciar cómo ella le restregaba a Migue en la cara billetes y trapos sucios. No sentía remordimientos por lo sucedido, pero sí porque hubiera pasado bajo el techo de aquella pareja que los quería a los dos, por haber actuado como si la casa fuera suya y Migue no tuviera el derecho de compartir también con ellos su amistad. Pero la China no era buena para expresar sentimientos y por esos días las palabras se le atascaban en la garganta. Su discurso de disculpa iba a quedarse para otro día, cuando volvieran a verse, si es que ese día llegaba.

Los fines de semana en la casa de Mercedes tenían una dinámica diferente. Danielito y Lauren salían con frecuencia con amigos, o acompañaban a los padres cuando iban de compras, o a hacer visitas a familiares y amistades. A veces llevaban a Mercedes y, por supuesto, invitaban también a la China, pero por lo general, Mercedes prefería quedarse en casa, con sus novelas. La China la acompañaba y, cuando no tenía nada que hacer, salía al patio del fondo y se sentaba largo tiempo a contemplar el lago. Por aquellos tiempos volvió a leer *Cumbres Borrascosas* y planeaba comprar otros libros de las hermanas Bronte, para llenar sus horas muertas con lecturas que sabía de antemano que la iban a capturar. Leer ocupaba su mente, pero llevaba un hueco en el alma que ni las pasiones de Heathcliff ni los avatares de Hareton podían llenar. La China sobrevivía el día a día sin un objetivo, sin una visión de a dónde la llevaría su futuro. En aquella casa estaba bien, pero no era su casa. Mirta y Pepe le habían ofrecido un plan alternativo de fines de semana pero tampoco era su plan; no iba a durarle toda la vida. Pensar le resultaba contraproducente, porque la China pasaba de una idea a otra, perdiendo rápidamente el enfoque y terminaba con palpitaciones en el pecho y los sentidos embotados, como si estuviera afiebrada y desvariante.

Los fines de semana le duraban más que las semanas mismas, y se descubrió esperando con ansiedad que llegara el lunes por la tarde, y Lauren y Kevin de la escuela. Entonces podía escuchar a Kevin reírse y conversar con Mercedes y dirigirse a ella con respeto, pero con un cariño limpio que irradiaba de sus grandes ojos perspicaces. La China preparaba almuerzos variados con ilusión, y siempre tenía opciones para *picar*, por si no tenían tanta hambre. Mercedes, que tenía fijación con la alimentación de los nietos, se lo agradecía cada día. "Desde que tú estás aquí estos muchachos hasta han aumentado sus libritas." Y la cara se le iluminaba de ternura mientras veía a Lauren, Daniel y hasta a Kevin hacer y deshacer alrededor de la casa.

Kevin era ya un miembro más de la familia, y aunque los recelos de Dania y Ramón no desaparecían por completo y la tarea de chaperona era de cierto modo aún solicitada, el muchacho se estaba ganando la confianza de todos y era invitado con frecuencia a las salidas de fin de semana. La China se acostumbraba a verlo. En sus pantalones *kaki* de la escuela, en los jeans desteñidos y *pullovers* anchos, en aquellos shorts deportivos que le hacían tan poco favor a sus piernas delgadas, pero que a la China le recordaban al muchachito que era y el que siempre fue Luisito en sus ojos. Kevin tenía luz propia y la China se alimentaba de ella.

Por ese entonces, también entre semanas, la China comenzó a notar cambios en el comportamiento de Lauren. La mosquita muerta se volvía más temeraria en su relación con el muchacho. Ahora se demoraban casi diez minutos en el estacionamiento sin entrar a la casa, cuando llegaban de la escuela, y la China descubrió, mirando por la ventana, que ella se le sentaba en las piernas dentro del auto y lo besaba con efusividad. Casi siempre era él quien se separaba y jadeante, le indicaba el reloj y las casas vecinas. Una vez en la casa, pasaban cada vez menos tiempo haciendo tareas y más en el sofá frente al televisor, donde ella aprovechaba para sentarse en una esquina y ponerle los pies encima y tocarle la entrepierna fingiendo un roce accidental. El muchacho trataba de contenerse pero era evidente que llevaba la excitación a flor de piel y tenía que hacer frecuentes visitas al baño a lavarse la casa y refrescar.

Lauren lo miraba divertida, con ojos de animal en celo, provocándolo con cada gesto, cargando de erotismo hasta las más triviales acciones, desde cambiar de canal con el control remoto, y caminar hasta la mesa a buscar un libro, hasta la manera de pasar las páginas, ensalivando con sensualidad la punta de su dedo índice antes de llevarlo al borde del papel. La agonía del deseo estaba sacándolo de control, pero el temor y respeto a la casa ajena lo frenaban y lo mantenían la tarde entera en posición de jaque. La China lo veía descomponerse, tomar agua, jugar con cojines que ponía con descuido sobre su portañuela mientras le pasaba una mano por los hombros a Lauren y deslizaba los dedos dentro de la blusa de la muchacha hasta tocarle los senos. La China imaginaba el río de placer recorriendo los cuerpos de ambos, tocándose, conociéndose de a poco, y fingía no estar, y no ver, pero disfrutaba aquel cosquilleo que la imaginación provocaba en las cavidades de su propio sexo. Sin embargo, era Lauren siempre la que cortaba el contacto, fingiendo de pronto un puritanismo que sus ojos voraces no podían secundar. Y Kevin tenía que volver a al baño y salir unos minutos después, justificándose porque tenía que irse ya. Y ella que "¿porque no esperas, mi mamá está al llegar y seguro te dice que te quedes a comer?". Y él la miraba con sorpresa, como queriendo decir, "¿cómo se te ocurre?, se va a dar cuenta que su hija me ha dejado con *blue balls*". Y ella riendo a carcajadas, sabiendo lo que estaba pasando en la cabeza de Kevin, pero aún así jugando a hacerse la inocente.

Kevin se marchaba y la China, con la embriaguez del placer mental también cortado, se quedaba mirando a la chiquilla con doble resentimiento y compadeciendo al muchacho que imaginaba saliendo disparado a evacuar aquellas ganas azules. La China lo veía encontrando paz consigo mismo y la imagen la hacía sonreír. Pero al día siguiente Lauren retomaba su juego sórdido de erotizar al muchacho y ella sentía una pena enorme por él, tan enamorado, tan tonto, tan agonizante y deseoso, tan inmaduro.

A la China el corazón le daba un vuelco cuando veía a Kevin revolverse en su lujuria insatisfecha y pensaba en su propio hijo sufriendo en manos de alguna chiquilla con ínfulas de diva, de esas que sobraban en Miami, jugando con su hombría. Hasta sintió alivio de que Luisito estuviera muerto y no hubiera tenido que ser víctima de semejante manipulación. La China hubiera querido ayudar a Kevin, pero no sabía cómo. Pensó decirle a Dania y Ramón lo que estaba pasando, pero sabía que eso terminaría de una manera y otra con las visitas de Kevin a la casa, y ella no quería traicionarlo ni quedarse sin la alegría y la luz que le traían un recuerdo placentero del hijo propio, sin el dolor de su ausencia. Pensó entonces insinuarle a Lauren que ella sabía lo que estaba pasando, pero esa era una batalla que iba a perder. Por mucho que Mercedes la adorara y Ramón y Dania estuviesen contentos con sus servicios, en una guerra con la princesa de espuelas doradas de la casa, la China no tenía oportunidad de salir victoriosa.

Aquella tarde los juegos de tentación de Lauren escalaban inmisericordemente y la China, sufriendo de impotencia, se retiró con Mercedes a su cuarto, con la excusa de ordenar el armario y guardar la ropa recién lavada. "Al diablo con el trabajito de chaperona. Si Dania quiere que le cuiden a su niña, que lo haga ella misma", pensó con molestia. Encendió el televisor para que la anciana se entretuviera y no tratara de envolverla en una conversación que le iba a ser difícil sostener, y se puso a trabajar. Pasada una media hora quizás, ya más tranquila, bajó al primer piso a buscar el resto de la ropa limpia para doblarla y distribuirla por cuartos. En la planta baja vio los libros desordenados en la mesa, la computadora abierta en una página cualquiera, el comedor vacío y también la sala. Pensó por un momento que los muchachos habían salido, pero recordó que nunca sintió el motor del carro de Kevin. "Seguro están en el patio", y contenta con su explicación ya regresaba al cuarto con la cesta de la ropa aún caliente de la secadora, cuando vio luz saliendo del baño del piso de abajo. Sin pensarlo, caminó hacia la puerta. Creyó escuchar jadeos y murmullos provenientes del interior y no pudo controlar que una oleada de rabia le coloreara de rojo las orejas. "Tan mosquita muerta, si la madre supiera." Al acercarse mejor, notó que la puerta estaba entreabierta y la China pudo ver de refilón a una Lauren semidesnuda, con los senos al descubierto, las manos de Kevin masajeándolos con nerviosismo, las de ella sobre las de él, guiando sus movimientos, indicándole dónde presionar, dónde rozar, donde hacer cosquillas. El sexo de ella, cubierto por la tela breve de una ropa interior muy sugerente se restregaba contra el de él, a punto de reventar debajo del pantalón. Jadeante, él trató de deslizar sus manos rumbo sur, como si la ilusión de la tierra prometida lo llamara, pero la muchacha no lo dejó. Guiaba el experimento, le dirigía las manos con precisión y exactitud, tocándose en todos los sitios correctos, excitándose a sí misma, pero sin permitirle a él explorar ni meter la mano entre sus piernas. Con movimientos circulares se acariciaba a sí misma por encima de la tela, en la inmediatez de sus humedades, las manos de él ansiosas pero obedientes, siguiendo instrucciones, ya sin voluntad o iniciativa alguna. Ella enjugaba sus deseos en él, sin darle oportunidad de hacer lo mismo.

La China dio unos pasos atrás para desaparecer en silencio en el momento en que la muchacha, restregándose ahora contra el sexo abultado del muchacho parecía alcanzar el límite de la satisfacción. La China corrió en puntilla de pies. Hubiera querido volar, perderse, y regalarse a sí misma el clímax que reclamaba su propio sexo contraído. Pero la imagen de un Kevin acorralado contra la pared, limitado en sus deseos y sus movimientos le cortaron las ganas de saciedad. No había llegado aún al cuarto de Mercedes en el segundo piso, cuando escuchó el ruido de la puerta del baño abrirse de par en par y la voz de Lauren hablando alto, anunciando que iba a buscar algo de comer a la cocina. "¿Quieres algo, Kevin?", y Kevin sin voz, respondiendo, "sí, agua, please, con hielo, thank you". La China cerró los ojos y escuchó el vaso de agua llenarse, los pasos de Lauren regresando a la sala y colocando el vaso sobre la mesita de centro. "Kev, aquí está el agua. Voy al cuarto a buscar la película que te dije para verla en este televisor. Vengo ahora." Los pasos de Lauren ahora alejándose, subiendo las escaleras, entrando a su cuarto.

La China no tuvo tiempo de pensar. Mercedes, ensimismada en su novela, parecía desconectada de la realidad. Bajó las escaleras tan silenciosamente como las subió y llegó hasta la sala. El vaso de agua que Lauren le trajera a Kevin estaba allí intacto. El muchacho no se veía por ningún lugar. La China fue hasta la puerta del baño y la abrió con decisión. Kevin estaba allí, con su miembro rígido entre las manos apuntando al inodoro, tratando, en vano, de orinar. El muchacho la miró aterrorizado, pero la China actuó con rapidez. Le puso una mano en la boca indicándole silencio y con la otra comenzó a acariciar su masculinidad. El miembro vibró al percibir el contacto de sus dedos, y acallada debajo de su mano, la China sintió la boca de Kevin abrirse en un gesto mudo de placer.

Suavemente y sin dejar de acariciar a todo lo largo, la China lo empujó contra la pared donde antes lo aprisionara Lauren. Cuando la espalda del muchacho estuvo pegada a las losas y la China supo que el placer era muy abrumador como para que él pronunciara palabra alguna, retiró la mano con que le tapaba la boca y la llevó hasta donde la otra trabajaba. Con las manos diestras, la claridad nublada, y una gracia que no sabía qué poseía, se deslizó hasta quedar acuclillada frente él y engulló golosamente la erección, lamiendo cada milímetro de piel tersa que sentía arder al contacto con su saliva tibia. Aquel pedazo de carne joven, rosada y viril le pareció un juguete curiosamente concebido y lo trataba como tal, lo manipulaba con minuciosidad, lo saboreaba despacio, tratando de separar y catalogar sus sabores, y alternaba el proceso una y otra vez, con la mirada fija en los ojos de un Kevin de cara desencajada por el placer, la sorpresa y el terror al mismo tiempo, un Kevin que se sentía morir devorado por aquella hembra experta, que se sentía ultrajado, desposeído, agonizante y feliz. Ahogó el quejido final con la toalla de secarse las manos.

La China presintió el desagüe antes de que ocurriera. Los años de experiencia le enseñaron a identificar la respiración, los movimientos y vibraciones y saber cuándo ejercer más presión y cuando solamente esperar la llegada inevitable de la corriente tropical. Lo supo y luego lo vio arquearse, temblar, enjugarse en su boca, que ella cerró alrededor de la piel para que nada saliera, para que nada se escurriera y malgastara de aquella salvia deliciosa que se deslizó garganta abajo acallando a sus propios demonios, satisfaciendo un hambre desconocida pero, al parecer, vieja.

Complacida, la China se puso de pie. Delicadamente, como quien viste a un bebé, colocó la desnudez de Kevin de vuelta dentro de su ropa interior. Le subió el zipper, le abotonó el pantalón, le colocó el pullover correctamente por fuera y, cuando estuvo satisfecha con la apariencia estética del muchacho, levantó la cabeza y miró directamente dentro de sus ojos. Con ternura se le acercó y le dio un beso en la frente. Al salir del baño miro atrás por unos segundos. Kevin seguía recostado en el mismo lugar. Un espejo que ocupaba la mitad de la pared de enfrente le devolvió una imagen satisfecha. La China creyó leer agradecimiento ahora resbalar cristal abajo en el espejo nublado por el calor de los cuerpos. Entonces sonrió satisfecha. Se limpió los restos de semen de la comisura de sus labios con la manga de su camisa y salió del baño, cerrando la puerta tras de sí.

DIECINUEVE

– ¿Quieres venir este fin de semana? –la pregunta de Mirta la sorprendió un poco. Habían llegado del viaje a la isla y la llamaba para contarle.– Pepe y yo te podemos pasar a buscar. Como siempre.

"Como antes", pensó la China, pero no dijo nada. Advirtió una ternura limpia en la voz de Mirta y la esperanza vaga de que a pesar del diluvio, ya se hubiera secado la tierra. Supo que aquella mujer entrada en años, habladora por naturaleza, incapaz de entender y respetar silencios ajenos, era en el fondo también una mujer sola, y que su cacareo interminable no era por otra razón que para acallar sus propios silencios, los que no quería compartir, y tampoco estaba preparada para escuchar, silencios que le restregaban en la cara una vida estéril, improductiva, de aparejamiento más por equilibrio que por felicidad. Imaginó que aquel viaje a conocer a la hija que nunca pudo tener, obligó a Mirta a encarar sus verdades y la China sabía por experiencia propia lo angustioso de esas confrontaciones. Advirtió en aquella voz esperanzada un tono de doble súplica: "no dejes de ser mi amiga" y "no me hagas volver a pasar por una situación tan incómoda". La China, experta en leer entre líneas, sonrió enternecida del otro lado del teléfono.

– Me encantaría. ¿El sábado a las cinco?

– ¡A las cinco!

Mirta, en la distancia, sonrió también. Por primera vez en su vida se dio por satisfecha dando una respuesta corta y, sin amarrar detalles, ni asegurar pelos y señales, dio por terminada la conversación.

El sábado siguiente, con puntualidad inglesa, Pepe y Mirta recibieron a la China con las puertas del auto abiertas frente a la casa de Mercedes. Se abrazaron con calidez y afecto, y sin premura iniciaron una conversación simple, de preguntas rutinarias y respuestas previsibles. Le contaron del viaje, de la familia de los dos, del viaje al pueblo de Migue, de la fiesta de quinceañera. No se mencionó a la hija de Pepe ni el incidente de la visita pasada. No se habló de Migue. No se tocó ningún tema que pudiese desviar la charla en alguna dirección indeseada. La China respiró aliviada cuando divisó a lo lejos el edificio bajo de apartamentos con vista a Flagler, y supo que lo peor había terminado y que lo previsto como un incómodo recorrido era ya parte del pasado. Una corriente cálida y apacible la recorrió por dentro y sintió en lo más profundo de su corazón el cariño desinteresado de aquellas dos personas, a las que conocía tan bien y a la vez tan poco. Pepe apagó el motor del auto y envalentonada por el instante de silencio, la China se atrevió a pronunciar las palabras que le quemaban en el estómago desde el día de la pelea con Migue.

– Pepe, Mirta, sobre el otro día… yo quería decirles…

– Ya pasó, China –esta vez fue Pepe quien habló, con decisión, con voz propia, sin ecos, ni sombras, ni titubeos, sin dar margen a explicaciones.

La China asintió. Mirta sonrió y al mismo tiempo, los tres, bajaron del auto.

El resto de la tarde transcurrió con una tranquilidad flemática, entre chismes del barrio, humo de cigarros de Pepe y tacitas de café y té que Mirta hacía para la China y terminaban compartiendo con ella, con una dosis de recelo y reticencia que no dejaban de hacerse notar.

– China, yo no sé cómo a ti te gustan tanto estos cocimientos de yerbas –y hacía una mueca de asco mientras saboreaba otro sorbo de infusión.

— ¿Y para qué te los tomas, Mirta? ¿Tú no los haces para la China?

— Ay, pero para que la China no tome sola. Y bueno... debe ser cuestión de adaptar el paladar... Seguro la China lo aprendió del padre y por eso le gusta...

Y así volvieron a la conversación irrelevante de un día tras otro. El humo del té caliente disimuló la humedad en los ojos de la China, enternecida una vez más frente a aquella pareja que la atraía a sus vidas, volviéndola una parte de ella. La China respiró hondo y el aire contaminado de Flagler se le antojó más puro que el de su pueblo. Entrecerró los ojos, escuchó a lo lejos un cantar de gallos, se acomodó en la silla de mimbre y se sintió en casa.

Cuando se quedaron solas, Mirta le contó lo que la estaba quemando por dentro. La hija de Pepe los recibió con alegría. "Es una mujer ya. Tiene dos hijos, de cinco y tres años. Se me aguaron los ojos cuando se abrazaron. Pepe lloró como un niño chiquito y ella también. Le contó de su mamá y de la vida que tuvieron con el padrastro que la trató como hija. La madre le contó que ella no quiso causar problemas, sabía que no era su lugar, que Pepe era casado y asumió su responsabilidad. Luego cuando apareció quien fuera su marido y le ofreció criarle a su hija como propia, ella pensó que era injusto revelar una verdad que parecía mentira, y quitarle a aquel hombre tan bueno la paternidad asumida y la autoridad a los ojos de la muchacha. Y así pasó el tiempo. Él murió de un severo ataque de asma, y años después murió la mamá, de una lenta enfermedad cardiovascular que le dio tiempo a contarlo todo, quedarse limpia y morir en paz con su conciencia. La hija no le guarda rencor a su madre, tampoco a su padre-padrastro y mucho menos a Pepe, quien era tan ajeno a la verdad como ella misma. "Fue muy emocionante, China. Yo me sentía como si estuviera viendo una película. Ajena, para ser honesta. Como *parcho pegado*. Hubiera deseado tanto ser la madre de esa muchacha. Haberla tenido en mis brazos de pequeña y verla crecer y convertirse en la madre que es hoy. Me dio envidia, China. Y rabia con la difunta. Que alborotó a Pepe, que le sacó una hija dulce como la miel, como Pepe mismo. Que se encontró con otro hombre de miel que asumió su situación. Que además, decidió la suerte de todos como si fuera Dios, manipulando y dirigiendo los cariños. Quizás si Pepe hubiera sabido, si la hija hubiera sabido... quizás yo no me sintiera tan fuera de grupo y esa muchacha hasta me quisiera."

Mirta terminó la conversación con la cara entre las manos, llorando lentamente sus frustraciones y resentimientos. La China la consoló como pudo, diciéndole que aún estaba a tiempo, que las oportunidades de cambiar el pasado solo se acababan con la muerte. Otros viajes. Cartas y correos a cada rato. "Donde hay nobleza el tiempo nunca está perdido." Y Mirta pareció estar de acuerdo.

Cambiaron el tema con la llegada de Pepe, mirando fotos de lugares ajenos y personas sonrientes que a la China le parecían muy parecidos entre ellos, cuando sonó el timbre de su teléfono celular. La China se levantó intrigada y entró al cuarto siguiendo el sonido. No esperaba ninguna llamada. ¿Le habría pasado algo a Mercedes? Fue lo único que se le ocurrió pensar. La música chillona del timbre aún retumbaba cuando logró sacar el teléfono del bolso y leyó el nombre de Migue en la pequeña pantalla. Paralizada por el asombro, se quedó mirándolo vibrar en la palma de su mano, reclamando respuesta, y un cosquilleo de inquietud que viajaba desde el brazo hasta el resto de su cuerpo la estremeció. Eventualmente dejó de sonar y la llamada fue atendida por el buzón de voz. La China se quedó mirándolo atentamente por unos segundos, como tratando de entender algo muy complejo, hasta que apareció la lucecita roja en la parte superior del cobertor plástico y el sobrecito en la esquina de la pantalla, anunciando que tenía un mensaje de Migue. La idea de tener su voz atrapada en la mano la quemaba, y tiró el teléfono sobre la cama. Sin atreverse a tocarlo de nuevo, mucho menos a escuchar lo que la voz tenía que decir, le puso una almohada encima y salió del cuarto, cerrando la puerta tras de sí. Mirta la esperaba en el balcón sin preguntar, pero con mirada interrogante.

— De la farmacia –dijo, a modo de justificación.– Parece que la medicina que ordené, ya está lista. Más tarde voy a buscarla.

— Olvidé preguntarte si fuiste al médico por fin. Porque no por nada mi amiga, pero aquel día de la discusión te pusiste muy mal. Aquellos temblores y aquella fiebre luego. Parecía como si te fueran a dar convulsiones. ¿Te mandó algo para los nervios? ¡Qué bueno...! Lo tuyo es eso. Yo te lo he dicho siempre, que con todo lo que tú has pasado, es normal que tengas los nervios destrozados...

La China trataba de seguirle el ritmo a la conversación, pero la inquietud le cortaba la disposición. Algo se había roto, se había hecho añicos de un tirón, como un espejo que cae al suelo y estalla en miles de pedazos. Durante la cena apenas probó bocado. Disimuló todo lo que pudo, moviendo la comida de un lado al otro del plato para evitar las preguntas, y una vez que Mirta y Pepe hubieron terminado, se levantó rápidamente y empezó a lavar la loza mientras hacía café. Lo tomaron medio dulzón y humeante. Mirta y Pepe se sentaron frente al televisor, y la China aprovechó para anunciar que iba a la farmacia.

— ¿No están cerrados ya? –calculó Mirta, experta en horarios.

– No estoy segura. Voy a averiguar. El paseíto me va a ayudar a que se me pase la llenura. Comí como el que tiene hambre vieja –mintió.

La llamada perdida y el mensaje de voz la quemaban por dentro. Salió a la ruidosa avenida y echó a andar sin un destino fijo. Dentro del bolso, el teléfono volvió a sonar, esta vez un sonido más corto, de mensaje de texto. La China lo tomó entre sus manos y volvió a ver el nombre de Migue en la pantalla. Caminó apresuradamente hasta una parada de autobús; allí se sentó a leer con desespero el contenido de aquella breve nota. *China, llámame por favor. Necesito hablar contigo*. La leyó como tres veces, pensando que quizás había escrito más y ella no encontraba la opción para ver el resto del mensaje. Después de un rato, se decidió a escuchar el mensaje de voz. Decía más o menos lo mismo. La voz, un tanto descompuesta, le pedía una respuesta. "Por favor China, llámame. Sé que estás en casa de Pepe pero, después de lo del otro día, no me atrevo a pasar por allá. Dime dónde puedo verte y a qué hora. De verdad, necesito verte." Pensó llamarlo, pero no supo qué decir. Estaba cansada del efecto tormentoso que Migue provocara en ella por tantos años, y ahora sólo quería estar tranquila. Buscó el número y varias veces intentó pulsar el botón de llamar pero se sintió sin fuerzas. Al cabo de un rato, buscó el mensaje de texto, lo leyó una vez más, y lo respondió secamente. "Mañana a las 9. Farmacia de la 51 Ave."

VEINTE

El cosquilleo que sintió en la planta de los pies mientras caminaba hasta la farmacia al día siguiente, le recordó sus escapadas en el pueblo para encontrarse con Migue, al edificio a medio construir, cerca de la cadena de eucaliptos, a la salida del pueblo. El hormigueo le subía por las piernas y la hacía apurar el paso sin darse cuenta. Pero a diferencia de entonces, cuando su ansiedad subía más arriba y se alojaba en la cuenca triangular al centro de su cuerpo, para allí dar rienda suelta al juego aluvial que Migue recibiría con la boca hecha agua, ahora esta ansiedad no pasaba de sus rodillas. La China no estaba de ánimos para juegos, mucho menos mentales y menos aún, eróticos. Había llovido mucho desde entonces, una vida de amores y desamores, de hijo, casa y responsabilidades, de buenas y malas suertes, de ríos secos y lagos desbordados. Ya no era la misma China que atravesaba el pueblo para encontrarse con el joven amante. Esta nueva actitud nacía del conformismo de asumir que ya no eran ni amantes ni jóvenes. Habían cambiado mucho los motivos de sus búsquedas y sus esperas, y no merecía la pena buscarle explicaciones a la reacción ordinaria de su cuerpo al presentir el de Migue, dado los muchos años de compartir confianzas.

Llegó a la tienda sin percatarse del camino recorrido. La sorprendió ver el letrero luminoso que anunciaba aquella suerte de mercado-farmacia, donde se podía encontrar más de otras cosas que de medicinas. Entró sin mirar a los lados, sin buscar con la vista la figura de Migue. En definitiva, era él quien quería verla, pensó. Era él quien tenía que buscarla, siguió pensando. A cada lado, estantes llenos de productos diversos. Personas, niños, empleados. Una algarabía de sonidos que le resultaban, por alguna razón, totalmente ajenos. Hubiera deseado tener el poder de silenciarlos uno por uno, de inmovilizarlos también, para pasar en medio de la escena petrificada y ser ella la única con capacidad para poner y quitar, en un mundo donde estaba realmente sola. A medio camino entre los productos de bebés y los métodos anticonceptivos, la China se encontró con Migue de sopetón. Él la vio entrar a la tienda desde su carro y llevaba unos minutos buscándola por entre las líneas de productos acechantes.

La mirada de la China, inexpresiva, o quizás cargada de emociones que Migue no supo leer, le resbaló por el cuerpo con una aspereza inusual, como papel de lija. Migue se estremeció.

— Te estaba esperando en el parqueo. Te vi entrar –le dijo, para romper el silencio.

— Pensé que estarías dentro. ¿Qué pasa, Migue?

— Pasa todo, China. Quiero hablar contigo pero aquí no se puede. Vamos a sentarnos en el carro....

— Yo no voy al carro contigo –a la cabeza le vino la falsa rubia, con sus piernas gordas y nalgas blandas, sentada en el asiento del pasajero, regia, en su actitud de matrona. Migue pareció leer sus pensamientos y no insistió.

— Vamos a la cafetería del lado entonces.

— Está bien.

— Un jugo de mango, por favor. Dos. Y también dos pasteles de guayaba y queso –la voz de Migue le sonó petulante, ordenando sin consultarle, como si supiera de ella todo lo que tenía que saber y ni siquiera lo disimulara por cortesía.

La China abrió la boca para cambiar su orden, pero la cerró acto seguido. El jugo de mango era su favorito. También los pasteles de guayaba y queso. Eran, además, los favoritos de Migue. No valía la pena contradecirse sólo por contradecirlo a él.

– China, ¿qué nos pasó? –la voz de Migue después de unos minutos de silencio.

Y quiso decirle que a ella no le pasaba nada, solo una racha de mala suerte que se lo había quitado todo, incluyéndolo a él. Pero le dolió el pecho de pensarlo, y se le aguaron los ojos y prefirió bajar la cabeza y empezar a chupar a través del absorbente el jugo que tan oportunamente le ponían enfrente.

– Yo siempre te quise, China. Y todavía te quiero. Y te extraño. Yo no sé vivir sin ti.

Quiso recordarle qué bien lo hizo por casi cuatro meses y que, seguramente, la rubia camuflaje lo ayudó a no extrañarla. "Estás celosa, China", pensó, y se asombró de aquel sentimiento tan humano recorriendo sus venas. Pero era más que celos. Era despecho. Era más que despecho. Era dolor: de haberse quedado doblemente sola, y sobre todo de darse cuenta que Migue, al igual que su suerte, le había fallado. Pero el jugo de mango estaba congelado y prefirió no decir nada antes de murmurar más palabras frías. Ya había dicho suficiente. Ya le había escupido a Migue sus verdades en pleno rostro. Era tiempo de escuchar. Y la China escuchó a Migue jurarle por la vida del hijo muerto que había perdido su camino, que se dejó llevar por "el hastío en el que vivíamos... yo pensé que a ti ya no te importaba, pero claro... fui un estúpido, China, no pude darme cuenta, o sí, pero luego no sé qué me pasó... tú has sufrido mucho, yo también... pero los hombres somos diferentes... y yo tenía que estar ahí para ti más de lo que estuve... he cometido tantos errores contigo, China... es mi culpa, lo sé... entiendo que no puedas creerme después de las cosas que te dije aquel día cuando tiré la puerta de la casa y me fui... pero me gustaría que trataras, no de olvidar porque tú tienes memoria de elefante, lo sé, pero sí al menos de poner tu odio a un lado, tu rencor a un lado... déjame probar... déjame intentar de nuevo..."

La China quiso decirle que no todo era su culpa, que la culpa era un asunto de dos, que la disculpara él a ella por fallarle, por no intentar salir del hueco de su depresión, por no ser más honesta y decirle cuándo quería llorar, cuándo quería estar sola, cuándo quería que él estuviese a su lado. Pero escuchar a Migue liberarla de toda responsabilidad y achacarse los errores cometidos a cuatro manos, no era algo que esperaba, y la tomó por sorpresa. La China mártir. La China abnegada. La China autocrítica hasta los límites de la autoflagelación. La China siempre buscando la fuente del problema en ella antes que en el resto del mundo. La China con el dedo acusador siempre apuntando a ella misma. Por primera vez en la vida se sintió justificada. Por primera vez era exonerada de toda responsabilidad, y por primera vez sentía el pecho henchido de una satisfacción malsana y egoísta que no pudo ni quiso reprimir. "Las cosas que dicen los hombres cuando quieren lograr algo", pensó, poco acostumbrada al lujo de recibir una redención sincera, pero inmediatamente desechó el pensamiento injusto. Y siguió escuchando silenciosa, sonriendo por dentro, sabiéndose codiciada, regocijándose de perturbar la tranquilidad de aquel hombre que hasta unas semanas antes parecía imperturbable.

Cuando habló, se cuidó mucho de transmitir emociones y delatar aquella ventaja que, por primera vez, llevaba en el juego del amor.

— No sé, Migue... cómo puedo saber después de todo esto... Yo tengo otra vida ahora, tengo un trabajo, una responsabilidad... aparte de eso... yo ya no te conozco Migue... has cambiado tanto...

Y mientras Migue se deshacía en explicaciones y promesas: "...no China, soy yo, Migue... me confundí, carajo, pero dame tiempo... yo te voy a demostrar que yo soy yo... llevo quince días viviendo solo, en un cuarto de mala muerte, pero no me importa... sigue tu vida, que yo buscaré la manera de recuperarte... solo déjame hacerlo...", a la China le vino a la cabeza una pregunta que parecía haber salido de la nada:

— Migue, ¿tú recuerdas cómo se llamaba aquella playa a la que quería ir Luisito en Oriente?

VEINTIUNO

Cuando acabados de llegar de la Isla, finalmente pudieron independizarse y se mudaron al apartamento de dos cuartos en la Pequeña Habana, Luisito hizo amistad con un muchachito de pelo muy rizado y ojos claros que vivía puerta con puerta, en el mismo piso. Pedro Pablo era más nombre que niño, de la misma edad que Luisito, pero le llegaba por los hombros y era menudo como un espagueti. Su madre vio los cielos abiertos cuando los nuevos vecinos se mudaron, porque *Pedri* no se llevaba bien con los demás niños del barrio, que eran cuatro o cinco años mayores, adolescentes, y formaban grupos en el parqueo del edificio y hablaban alto y decían malas palabras. "Es que a esas edades una diferencia de cinco años se nota mucho. Pedri es un niño aún, pero ya ellos están pensando en muchachitas."

La amistad con Pedro Pablo fue para Luisito un bálsamo en medio de tantos cambios. Era muy sociable y logró insertarse entre los otros muchachos del barrio, a pesar de que también eran mayores que él, con más facilidad y rapidez que Pedro Pablo; pero Luisito prefería la compañía de aquel muchachito delgado que lo introdujo en el mundo de los juegos de video y los animados japoneses; irónicamente, también no aptos para su edad. Pasaban horas uno en la casa del otro y Luisito, por su parte, lo ayudó a mejorar sus relaciones en la escuela, donde también asistían al mismo grado.

La familia de Pedro Pablo era muy católica y, como buenos santiagueros, devotos a la Caridad del Cobre. Hablaban incansablemente de su casa en el reparto

Sueño, con sus pisos de losas grandes, blancas y negras, que Pedrito recordaba como un largo e intrincado tablero de ajedrez, y un patio interior donde sembraban plantas medicinales y yerba buena, que lo mismo servía como cocimiento para el estreñimiento que se machacaba para hacer los legendarios mojitos del abuelo materno, con quien compartían aquella casa larga y colonial. Vivían embriagados aún por aquellos olores caseros, y por uno más denso aún, que ni los perfumes *Chanel* que usaba la madre podían cubrir: el de la nostalgia. Para ellos, no había mejor lugar sobre la tierra, y cada día lamentaban que la historia les hubiera jugado aquella mala pasada, arrancándolos de raíz de la tierra donde estaban destinados a germinar, olvidando que el error había afectado no solo a su familia, sino a la de millones de cubanos, en iguales y peores condiciones de desarraigo.

En la memoria de Pedri, sin embargo, aquella casa se disolvía, mientras la de los abuelos paternos, sembrada en la costa de Siboney, cobraba vida propia cada día. Era esa la casa donde pasaba todas sus vacaciones, *mataperreando* con una bandada de muchachos que como gaviotas en el mar, sobrevolaban la tierra, corriendo a tal velocidad que parecían flotar en una nube de arena. Era esa la casa donde veía el mar romperse contra las rocas al entrar furioso a la bahía que circunscribía la playa. Allí aprendió a nadar como un pez después que por poco se ahogara un día de marea alta. Esa casa, de techos elevados y ventanas exageradamente grandes abriendo hacia afuera, donde el día y la noche olían a salitre, era la casa con la que Pedri soñaba aquel sueño recurrente de que salía corriendo, divisando la playa a lo lejos y cuando llegaba a unas piedras al borde del agua se tiraba de cabeza y tocaba el fondo. Despertaba alarmado, con sabor a arena y sal en la boca, y sin saber si en algún momento volvía a salir a la superficie.

Luisito había visto fotos de la casa, de la hondonada en forma de medialuna, de las uvas caletas y las piedras a los alrededores de la playa que siempre lucían igual, conservando intactas su sombra y actitud agreste. Y también se le contagió el amor por la playa desconocida. La China y Migue le prometieron que sí, que lo llevarían un día, que no iba a ser tan pronto porque ellos estaban acabados de llegar y tenían que reunir para un viaje familiar, mucho más si el viaje involucraba transportarse hasta el oriente de la Isla donde no tenían familia. Pero que sí, que no se preocupara, que iban a ir y "quién sabe", agregó Migue siempre con sus ideas agigantadas, "quizás cuando las cosas cambien allá hasta podamos comprarnos una casita allí para ir de vacaciones."

En los primeros años el sueño era irrealizable, pero poco a poco las condiciones económicas empezaron a mejorar y Migue le dijo a la China que quizás para el siguiente año, pero al siguiente año murió el chino Juan, y el de más arriba Migue fue con Luisito a visitar a *los viejos*, y el de más arriba sólo Migue, de luto por la pérdida del padre, y sin ánimos de salir a explorar territorios lejanos que pertenecían además a planes familiares.

Con el tiempo la familia de Pedro Pablo compró una casita modesta en un alejado barrio residencial, con mucho potencial de crecimiento y los muchachos se separaron. Incapaces de compartir el día a día, fueron dejando de compartir juegos, recuerdos y sueños. Se veían en fiestas de cumpleaños y celebraciones importantes pero ya no era lo mismo; les faltaba tiempo para ponerse al día, y crecieron en direcciones individuales, no siempre paralelas. El nombre de Siboney dejó de ser una constante a la hora de la sobremesa y se convirtió en un tema esporádico y difuso, como un deseo remoto, algo así como ir a la Luna o caminar por la Antártida.

Migue no lo había dicho aún pero, para el año siguiente, estaba planificando el viaje a Siboney. Quería que fueran por fin de año, para celebrarlo allá, alquilar un carro y llevarse a la familia, asar un lechón, preparar arroz congrí, yuca con mojo y esperar las doce de la noche tomando, comiendo y jugando dominó. Había visualizado el mar a lo lejos, sonando embravecido contra las piedras, oloroso a tiempos nuevos y bendiciones por venir, y trabajaba horas extras con una sonrisa en los labios, porque sabía que cada día estaba más cerca de cumplirle a su hijo un deseo largamente acariciado y regalarle a su familia un regreso feliz, que no estuviera marcado por las enfermedades y la muerte.

La partida de Luisito desbarató los planes, y lo que había sido su primer castillo de arena, desde la conquista de la China y la minuciosa salida de la Isla, terminó por derrumbarse sin remedio. Las horas extras sólo le sirvieron para pagarle a su hijo un entierro decente y la arena imaginaria terminó por fundirse con la verdadera, arrastradas ambas por un mar ahora agreste y calado de remordimientos. El Siboney de sus sueños también se había marchado.

VEINTIDÓS

El ronroneo del Mustang negro de Kevin estacionándose frente a la casa la agarró de sorpresa. La noche le pareció eterna. Desde que regresara el domingo a mediodía, el salto comenzó a crecerle en la boca del estómago. A las cinco de la mañana se levantó, tomó agua y un clordiazepóxido, y empezó a jugar el juego de engañar la mente, dejándose llevar por ideas triviales y enfocándose en ellas con la concentración de quien le va la vida en ello, tratando en vano de conciliar el sueño. Agotada, terminó por levantarse una hora después y, desde temprano, comenzó a limpiar compulsivamente todo a su alrededor. Cuando el Mustang llegó, estaba sumida en la tarea de adentrarse en cada ranura de la línea de azulejos que revestía la cocina. Mercedes, quien no había parado de hablar desde que se despertara por la mañana, hizo una pausa al escuchar el auto.

– Llegaron los muchachos.

E inmediatamente retomó su monólogo de enredados recuerdos familiares. La puerta se abrió y entró Lauren escoltada por Kevin. Se hicieron los debidos saludos sin aspavientos, más por cortesía que por otra cosa. Mercedes, la única genuinamente emocionada de los cuatro, enseguida atrajo a Lauren por la cintura y le dio un beso efusivo en la cadera.

– Hola, Kevincito, mijo, ¿viste qué linda está mi niña? –le dijo, como si le presentara a Lauren por primera vez.

Kevin respondió con una sonrisa y miró de refilón a la China, quien hasta el momento había evitado todo contacto visual. Una electricidad recorrió los cuerpos de ambos. Imágenes sueltas cruzaron sus mentes como destellos, y de haber visto el uno los pensamientos del otro, se hubieran sorprendido de cómo estos se complementaban. Kevin erguido entre sus manos. Devorado por su boca. La rigidez. La explosión. La mirada encontrada en el espejo. Se estremecieron y cambiaron la dirección de sus miradas a otros puntos de interés. Lauren, que ya se soltaba del abrazo de la abuela. Los azulejos de la cocina, que resplandecían de tanto cepillo y desengrasante.

Al poco rato, para calmar un poco la ansiedad que la quemaba por dentro, la China se retiró al cuarto, llevándose a Mercedes.

– Una siestecita, Mercedes, que luce cansada hoy. ¿No durmió bien el anoche? Le pongo los rolos y cuando se despierte le acomodo los ricitos.

Se tomó su tiempo, no sólo para garantizar que Mercedes se quedara bien dormida, sino para organizar sus pensamientos. Convencida de que la experiencia del baño fue una locura, se prometió a sí misma borrarla de su memoria y extirparla de su cuerpo. Pero no lograba ni lo uno ni lo otro. Sus órganos latían inquietos, como si cada uno tuviera un corazón independiente y vida propia. Imaginaba a Lauren y Kevin abajo, tocándose, recorriéndose, lamiéndose por todas partes, y los latidos la laceraban, crispándole la carne. Llamándose a contar, se explicó a sí misma la razón por la cual se sentía así, su empatía con un Kevin en ascuas, un Kevin tentado y hostigado por una *zorrita manipuladora hija de mamá y papá*, un Kevin tan Luisito, tan muchacho, tan vivaracho, tan inocente.

La lista de razones le pareció suficiente y le trajo cierta calma. Respiró y acalló sus demonios, que reclamaban un espacio en el baño de la primera planta y resistió la necesidad de hacer ruido con la sola intención de interrumpir el manoseo que, estaba segura, pasaba debajo de sus narices. Pero las imágenes de aquel Kevin erguido surgían en todas partes, y después de un rato de batallar consigo misma y terminar derrotada, comenzó a bajar las escaleras en dirección a la cocina.

No la sorprendió el silencio. Tosió un par de veces para anunciar su llegada, pero el mutismo perduró. Entró a la cocina lo más ruidosamente que pudo. Dejó caer la tapa de una cazuela en el fregadero y el estruendo del zinc retumbó en toda la planta baja. Empezó a rodar sillas en el comedor y, cuando escuchó el leve chirrido de la puerta del baño abriéndose, casi metió medio cuerpo adentro del refrigerador, buscando algo que debía estar en algún lugar inalcanzable, a juzgar por el tiempo que le tomó resurgir en la cocina. La frialdad acentuó la sonrisa en sus labios. Sabía que al salir del refrigerador vería a Kevin y Lauren sentados en la sala, pretendiendo haber estado siempre allí. El susto que se habría llevado la chiquita. Tan falsa. Tan manipuladora. Ella iba a saber lo que era *dejar a alguien vestido y alborotado*. Seguro se había quedado con ganas, como dejara al pobre Kevin unos días antes, sin misericordia ni interés alguno por aliviar su excitación.

Tal y como lo imaginaba, al mirar hacia la sala, los vio en el sofá. Sonrió, ahora para sus adentros, pero actuó como si se sorprendiera de verlos.

– Ay, muchachos, qué susto, no los había visto –dijo en tono casual.

Kevin, visiblemente descompuesto, cruzó los pies para ocultar la erección, sin atreverse a levantar la cabeza por miedo a delatarse. Lauren, altiva y orgullosa, se volvió para responderle:

– No sé cómo no nos viste. Estábamos aquí mismo.

Su mirada era fulminante. La China vio chispas de rabia salirle de los ojos y traspasarla como lanzas. Dentro del cuerpo, sus demonios se regocijaron y la China los regañó con severidad pero no logró contener el júbilo que le hizo brincar el corazón. Unos minutos después, Lauren se excusó y subió a su cuarto con un pretexto, dejando a Kevin en la sala.

– Pon el TV, Kev, ya no quiero estudiar más –mintió con frescura.

Voces pregrabadas emergieron de la nada y, sin cambiar el canal, el muchacho trató de concentrarse en un programa de compra y venta de casas que pasaban a esa hora. La China sacó unas papas del viandero y se dispuso a pelarlas. Al volverse, Kevin estaba parando frente a ella. Esta vez la sorpresa fue legítima.

– ¿Me puede dar un poco de agua, por favor? –le pidió, mirándola directamente con cara de querer otra cosa. La China no le contestó. No le sirvió el agua. Lo miró de arriba abajo y sus ojos se posaron en el abultamiento del pantalón que proclamaba lujuria. Estiró la mano y lo acarició con la yema de los dedos por encima de la tela. El miembro se estremeció y Kevin dejó escapar una exhalación mitad suspiro, mitad queja. "Pobrecito." Su mente viajó en cuestiones de segundos de Kevin a Luisito. "Mi pobre niño. Pensar que a él también podían haberlo tomado de bobo y dejarlo así, con las bolas azules." Y de nuevo la urgencia, el deseo de aliviar las ganas de aquel muchacho que se le parecía tanto al suyo, a quien no podía concebir sufriendo, limitado, insatisfecho, ni siquiera en su imaginación.

Lo tomó de la mano y lo atrajo hacia el baño. Kevin la siguió sin decir palabra. Una vez dentro, todavía no había retomado la independencia sobre su cuerpo cuando sintió que la perdía sin remedio. La China le desabotonó el pantalón, le bajó el zipper y se lanzó con ansiedad a bucear dentro de su ropa interior. Resurgió con la carne gloriosamente rígida entre las manos y se lo llevó una vez más a la boca para lamerlo y besarlo con devoción. Pero esta vez sus demonios pedían más. Miró a Kevin en lo profundo de sus ojos y creyó leer en ellos lo que los demonios del muchacho reclamaban también. Una vez más lo empujó levemente, no hacia la pared sino hasta el inodoro, obligándolo a sentarse sobre la tapa cerrada. Con la rapidez de años de inanición se liberó de su ropa interior, se subió el vestido y se sentó sobre el muchacho, tragándose con el suyo aquel sexo vibrante. Se sintió renacer, llena, completa. Perdió la conciencia, sólo los músculos de su interior actuaban, guiados por una especie de albedrío supremo. Con las manos sobre los hombros de Kevin se empujaba hacia abajo y hacia arriba y una vez más hacia abajo y sintió un caudal contenido irrigándole el cuerpo, haciéndole abrazar la anatomía del muchacho clavada en la suya. Supo que se deshacía y en la cara del muchacho pudo sentir que se deshacía también entre sus piernas, quedando ambos trémulos y exánimes por un tiempo breve pero indeterminado.

La China no quiso dilatar la despedida. Se acomodó la ropa sin limpiarse la humedad viscosa que le manaba de adentro y miró tiernamente a Kevin. La expresión agradecida del primer encuentro se convertía ahora en una sonrisa plena de devoción. Ella le dio otro beso en la frente y salió del baño lentamente, mirando a su alrededor.

Se había olvidado completamente del espacio y el tiempo, y ahora que volvía a poner los pies en la tierra le asaltaba el pánico de pensar que alguien pudiera haberlos visto, o que Mercedes la hubiese llamado. La calma reinante a su alrededor le devolvió la serenidad. Se sintió enardecida, útil, plena, reivindicada, como alguien que ha cumplido con éxito una importante misión. Sin embargo, supo también que una vez cumplido su cometido, esa locura debía terminar definitivamente.

VEINTITRÉS

El teléfono celular de la China hizo el sonido corto que anunciaba un mensaje de texto. Estaban cenando y, aunque el ruido atrajo su atención, le pareció de mal gusto interrumpir y decidió no atender. Quien fuera, tenía que esperar.

En la mesa, la conversación era animada. Planeaban un viaje de vacaciones por Acción de Gracias para toda la familia. Ya estaban cansados de comer pavo y puré de papas en la casa todos los años, o en casa de otros familiares y amigos, y creían que era mejor idea alterar la localidad, si bien no el menú tradicional.

– China, nos gustaría que vinieras con nosotros –le dijo Dania amablemente, una mano sobre la de ella, otra sobre el brazo de su marido sentado a la cabecera de la mesa.

– Gracias, Dania, de verdad, pero no voy a poder.

– No será por pena o dinero, porque si te estamos invitando es porque podemos y queremos hacerlo, y tú no tienes que pagar un centavo ni tampoco sentirte en deuda –agregó Ramón.

– Es Acción de Gracias, China, y tú eres una de las cosas por la que tenemos que dar gracias este año. A nosotros nos encantaría que vinieras y a mami le vendría muy bien –trató Dania, intentando convencerla.

– Y dilo, *mijita*, esta China es mi ángel. Si ella no va, yo también me quedo –sentenció Mercedes.

Todas las miradas recayeron en la China, que ruborizándose un poco explicó que no era que ella no quisiera, es que le daba pena, "los viajes son caros y..."

— Y nada China, que donde comen cinco comen seis, eso es lo de menos —dijo Dania, tomando la respuesta de la China como un sí y dando por terminada esa parte de la conversación.

— Mami, tú dirás que donde comen seis comen siete, porque a mí me gustaría invitar a Kevin...

Se hizo un silencio durante el cual Lauren no se atrevió a levantar los ojos del plato. Dania miró alarmada a su marido, quien estaba por llevarse a la boca una cucharada de potaje, que quedó paralizada a medio camino. Los ojos de Mercedes se posaron temerosos en Dania, luego en Ramón, en Lauren y de nuevo en Dania quien, para ganar tiempo y salvar la situación que podía salirse de control, dijo:

— Bueno, Lauri, ya veremos. Déjanos pensarlo un poco y hablamos de eso en otro momento.

No fue ni un sí ni un no, pero la China volvió a sentir el hormigueo en el estómago que sentía en la proximidad de Kevin. "Ese, de que va, ¡va! Esta niñita ya se inventará algo, y la escuela no va a ser un pretexto, porque la muy hipócrita para lo único que sirve es para estudiar."

El teléfono celular repitió el mismo sonido y los comensales la miraron inquisitivos. No era frecuente que la China recibiera llamadas, y menos mensajes de texto.

— China, si necesitas atender, está bien.

Si antes la China pudo resistir la urgencia, ahora, con Kevin siendo parte de la conversación y del plan de viaje, la inquietud de sus sentidos era demasiada para supeditarse a la cortesía. Se excusó, agarró el teléfono y, sin abrirlo, subió a su cuarto. Sentada sobre la cama y con la puerta cerrada, pudo por fin confirmar sus sospechas. Mensajes de Migue.

Uno. *China necesito verte.*

Dos. *Contéstame por favor.*

Los dedos le temblaban mientras tecleaba torpemente la respuesta. Este nuevo Migue la intrigaba, la desarmaba, este Migue aficionado a los mensajes de texto, este Migue arrepentido, este Migue insistente.

Estoy trabajando. Y apretó el botón de enviar.

La respuesta no se hizo esperar.

Cuando termines. Dime dónde y cuándo.

Hoy no puedo. Hablamos mañana

No China, necesito verte hoy.

Qué pasa, estás bien, pensó, ya un poco alarmada por la urgencia y lo envió, insatisfecha con sus habilidades para la tecnología moderna, sin poder encontrar la manera de colocar los signos de interrogación.

No

Qué tienes. De nuevo la pregunta sin signo.

Mejor en persona

Pero hoy no puedo. Dime qué te pasa.

Pero la respuesta no llegó a enviarse y el sonido de la llamada entrante la sorprendió.

— Migue, ¿qué pasa?

Del otro lado del teléfono, la voz ronca de aquel hombre que aún ejercía sobre ella un efecto mágico, se deshizo en un torrente de frases apresuradas para evitar que la China desconectara la llamada. Le temblaban las manos y las piernas. Se acercó a la ventana y miró hacia afuera, como buscando sosiego en la calma exterior. Oscurecía. Serían cerca de las ocho.

— Te extraño, China. Déjame verte y hablar contigo un rato. Un ratico nada más.

— Está bien —respondió, vencida—, anota la dirección. Dame media hora para terminar unas cosas que estoy haciendo. No puedo demorarme mucho.

— Está bien —la voz ronca sonaba ahora feliz, ilusionada, como niño que se sale con la suya. La China colgó, aún nerviosa, pero con una sonrisa leve dibujada en los labios.

La verdad era que también lo extrañaba.

Al llegar al comedor, la sobremesa había terminado. Los muchachos veían algo en el televisor. Ramón los acompañaba desde el reclinable con un ojo abierto y el otro cerrado, una escena que se repetía casi todas las noches.

— Acuéstate ya, pipo, que esas madrugadas están acabando contigo —repetía Dania a su vez, con la misma dulzura en la voz y la misma urgencia protectora de la mujer que, a pesar de los años, sigue enamorada de su marido, aunque ahora lo cuida como a un hijo grande.

— Ya voy, en un ratico, deja que se me baje la comida.

Dania recogía los platos de la mesa y Mercedes le hacía compañía. La China llegó en silencio y puso manos la obra. En un dos por tres la mesa estaba recogida y empezó a llevar tiestos y vajilla sucia a la cocina.

— Dania, quería pedirte algo. Es que mi *exmarido* tiene que mandar un paquete para una sobrina en Cuba que tuvo un bebé, y necesita que lo ayude. Hombre al fin, no saben nada de esas cosas y lo dejan todo para última hora. Me da pena pero, ¿tú crees que después de organizar todo y acomodar a Mercedes pueda salir un rato? No me demoraría, vamos al Walmart que está cerca…

Mintió. Una vez tras otra. Dania se detuvo a escucharla. Cuando la China terminó, Dania la miraba sonriendo. Una pizca de condescendencia en los ojos de la mujer, le dieron la impresión de que no creía que la historia fuera verdad, pero que sí le entusiasmaba la idea de la China haciendo las paces con su marido. Era una romántica empedernida y su pasión por los finales felices impulsó la respuesta.

— China, no hay problema, aquí ya todo está hecho y a mami le conviene dormir temprano hoy, que mañana tiene cita en el médico. Mira, aquí está una copia de la llave del frente. Así no tienes que llamar si llegas tarde.

La insinuación de que podía tomarse su tiempo fue clara, pero ninguna de las dos se dio por enterada. Media hora más tarde, dejando atrás una anciana arropada bajo sus sábanas olorosas y una cocina reluciente, la China salía por la puerta. Migue la esperaba con el carro encendido y salieron lentamente por la calle lisa del complejo residencial, bajo las luces letárgicas de las farolas.

VEINTICUATRO

Se saludaron secamente y con un beso en la cara.
– ¿Cómo estás? –él.
– Bien –ella– ¿Y tú?
– Bien también.
Migue puso en marcha el carro sin decir o hacer nada más. Anduvieron unos metros sin intercambiar palabras, la China mirando al frente, más interesada en la calle vacía que en Migue sentado a su lado. No quiso pensar que la falsa rubia estuvo sentada donde ella ahora, así que se dedicó a contar los carros rojos que veía aparcados en los laterales de las calles.

En el camino entre la casa y la tienda donde terminaron por ir, hablaron poco. Migue trató varias veces de interesarse por su trabajo, por la vida en la casa pero sus preguntas sólo recibían respuestas lacónicas. Algo recio había comenzado a cementarse en la China. A pesar de la soledad e inverosimilitud de su vida actual, a pesar de sus carencias y pérdidas y mala suerte, se sentía reforzada, más fuerte y poderosa que nunca. Hubiera querido volver a ver a Migue con los ojos del amor o de la costumbre al menos, pero en los meses sin él aprendió que no lo necesitaba, que podía respirar, que no moría, como tampoco murió físicamente cuando perdió a Luisito. No tenía planes, pero no los hacía ya. Tenía poco, pero necesitaba menos todavía. "La vida quita pero a la vez provee", terminó por decirse a sí misma a modo de justificación. En su día a día transitorio, se sentía liberada.

Al llegar a la tienda, que convenientemente estaba abierta veinticuatro horas, encontraron un parqueo repleto de carros, como si fueran las cinco de la tarde. Migue no trató de buscar un espacio cercano a la puerta de entrada, sino que se aparcó lo más alejado que pudo. Apagó el motor, hizo un movimiento rápido para quedar mirando de frente a la China y le pidió que no saliera del auto. Tenían que hablar, le dijo. En la última conversación, él había dicho mucho pero ella muy poco, y él quería saber qué sentía ella, si lo extrañaba, si extrañaba la vida de ellos en el apartamento con vista a Flagler.

– Yo no puedo traer de vuelta a Luisito, ojalá. Lo hubiera hecho desde hace mucho, China, créeme. No lo hubiera dejado irse, en primer lugar. Pero puedo darte la vida de una casa, la de tu casa, la que siempre te he dado. Me parte el alma verte ahí, con esa gente que no son tu familia, trabajando como criada porque no tienes dónde vivir y todo por mi culpa, porque me ilusioné y perdí el camino. Pero no estoy aquí para hablar de eso.

A la China le pareció conveniente. Conocía la altivez de Migue, y le debía estar costando mucho asumir responsabilidad. Quiso decirle que en la casa de Mercedes no la trataban como sirvienta, que se sentía bien, pero entonces se acordó de Kevin y su comportamiento desquiciado y perdió el hilo de su razonamiento.

– Te extraño, China. Extraño volver a la casa y verte ahí. Tú eres lo único constante en mi mundo. Mi familia es larga pero tú sabes que la de allá no es como la de aquí, estos son despegados y no me hallo entre ellos. Llevamos una vida juntos, China...

Y quiso decirle que por las noches echaba de menos su modo de dormir arqueado casi en posición fetal, y el roce de su espalda contra la piel de él, en su barriga o cadera. Pero le dio vergüenza confesar tanta debilidad y prefirió callar aquel detalle, que después de todo lo dicho ya, para él era innecesario y hasta repetitivo.

Migue tomó aliento para seguir, pero se le acababan las palabras. Miró a la China a los ojos, que eran ahora dos rayitas mojadas y no pudo contenerse. La atrajo hacia sí y la abrazó con fervor. La China primero se dejó abrazar pero, muy pronto, una oleada de cariño le removió la dureza de su interior donde la solidez terminó por colapsar. Lloraron como dos desconsolados. Como sólo habían llorado en los días aquellos en que perdieron a Luisito. Lloraron con plena conciencia de causa, sabiendo los dos que lloraban, que se desgarraban por dentro en un llanto cierto, no cobarde y escondidizo con el que solían llorar después, metidos en los rincones para que el otro no los viera llorar. La tristeza de haber perdido lo único que les quedaba, ellos mismos, finalmente fue más fuerte que sus realidades individuales.

Del abrazo y el llanto pasaron a los besos, dolientes, tiernos en principio, arriesgados e inquisitivos después, besos hambrientos, devoradores, consumidores de deseos acumulados. Besos dispersos por la cara, boca, mejillas, frente, ojos. Besos salados y resbalosos que lo mismo se estancaban en el lóbulo de la oreja, que allanaban cuellos y buscaban golosos debajo de las camisas y entre la ropa interior.

Sin saber bien cómo, en un arranque de pasión propio de los adolescentes que fueron hacía siglos, se pasaron al asiento trasero del carro y allí, como una vez en el edificio a medio construir cerca de los eucaliptos a la salida del pueblo, se embistieron en un sexo apresurado y breve. Resurgieron asustados, mirando hacia todas partes, esperando encontrarse cara a cara con el guardia de seguirdad del establecimiento o con la policía misma. Se veían en la cárcel, por desacato al orden y obscenidad, o cualquier otro cargo relacionado. Sin embargo, nadie rodeaba el carro, nadie parecía haberse dado cuenta de lo que acababa de pasar en el asiento trasero. A lo lejos se movían personas desde y hacia sus propios autos, empujando carritos, llevando niños en coches o de la mano, pero nadie reparaba en ellos. Cuando se les pasó el susto, se miraron a los ojos, avergonzados. La China tenía el pelo revuelto, la ropa hecha jirones. Migue con la camisa abierta y el pantalón desabotonado aún, estalló en una risa nerviosa que contagió a la China y pronto los dos reían con el mismo fervor con que se abrazaron y lloraron antes.

– Estamos locos, China –sentenció Migue, atrayendo la cabeza despeinada de ella hasta su pecho desnudo.

VEINTICINCO

Hay cierta monja que nunca azoro,
hay cierta puta aquí en mi carne. Con ambas lloro.
Carilda Oliver Labra

Al día siguiente la China amaneció renovada, como si hubiese bebido de la fuente de la juventud pregonada por Ponce de León. Llegó a la casa cerca de las doce, pero no había podido conciliar el sueño por horas. Primero se tiró sobre la cama con ropa y todo, a mirar al techo. Se sentía mareada. Toda la emoción del día le vino a la cabeza de sopetón, y se sintió la carne afiebrada, como si la adrenalina del sexo prohibido le estuviera aun corriendo por las venas y quemándola por dentro. Donde una vez hubo una muralla de presunta dureza, ahora solo quedaba un encofrado borboteante. Todo se derretía y la mezcla de sentimientos la agobiaba. Sin embargo, se dejó llevar por el vapuleo hedónico de sus sentidos, y repasó los acontecimientos de la tarde y de la noche desprendida de las imágenes, como si viera una película en la que ella no era ella sino una protagonista ajena.

La China nunca había hecho el amor con ningún otro hombre que no fuera Migue y hacerlo con los dos hombres el mismo día le parecía casi sacrílego, impropio no solo de ella, sino hasta de la raza humana. Paradójicamente, no se sentía culpable. El roce de la carne joven en su interior la erotizaba. La atípica embestida de la vieja carne conocida la enardecía con ansias renovadas. Se desvistió y por primera vez en su vida durmió sola y desnuda, las sábanas frías entibiándose al contacto con sus curvas, aplacando su fiebre, sacándole del cuerpo los demonios del placer y la carne, y regalándole finalmente la sensatez del sueño.

– ¿Qué tal todo anoche? –le preguntó Dania al día siguiente, con picardía en la voz y en la mirada.

– Muy bien. La compra le salió cara, porque empezaron a aparecer cositas aquí y allá que no estaban en los planes, pero bueno, creo que la sobrina y la bebé van a tener más de lo que necesitan –mintió frescamente, sin darse por aludida, y Dania abandonó las pesquisas ante la respuesta rápida y cortante.

Durante las semanas siguientes, los encuentros con Kevin se volvieron más breves, pero también más enervantes y arriesgados, detrás de la puerta del cuarto de las lavadoras o la despensa de la cocina, de donde salían oliendo a comida cruda y con más hambre que al entrar. El chiquillo la buscaba después de cada sesión de amor insatisfecho con Lauren, las que también se fueron espaciando, porque cada día pasaban menos tiempo solos. Dania le había pedido abiertamente a la China que mantuviera vigilados a los muchachos. Ella y Ramón tenían miedo de que el muchachito estuviera tratando, "ya sabes, cosas de muchachos, pero ella es muy joven para eso y se le puede complicar la vida. Tú me entiendes, China, ¿verdad?". Y claro, la China la entendía, porque sabía que Dania no veía la realidad, fascinada como estaba con la visión pura de la hija maravilla, ajena aún a la naturaleza adictiva de los juegos sexuales.

También continuaron las llamadas de Migue, los mensajes de texto, y las historias de la China para excusarse por unas hora aquí y allá. Dania presentía que algo estaba cambiando entre ellos y, aunque le preocupaba que la China volviera con él y se fuera de la casa, su naturaleza romántica daba palmadas de alegría porque, una vez más, un viejo amor de toda la vida probaba ser más fuerte que los infortunios de la vida misma, y eso siempre le hacía mirar a su marido con renovada ilusión.

Más de una vez trató de traer el tema, cuando estaba a solas con la China, pero no conseguía que ella siguiera su pie forzado. La China no le daba entrada y seguía mintiendo con la misma destreza del primer día. Ella nunca fue de compartir sus intimidades. Las chácharas de mujeres le daban vergüenza. Nunca había tenido la confianza suficiente para hablar de su vida sexual con su madre, mucho menos con su hermana y, las pocas veces que lo intentaron, su hermana rompía el hielo con brusquedad, haciendo preguntas directas e intimidantes y ella escapaba de su presencia seguida por carcajadas insensibles y la voz de la otra llamándola puritana y mosquita muerta. La China hubiera deseado ver en Dania una amiga, una confidente de sus secretos amorosos. Después de muchos años de una sexualidad sosegada, se revolvía ahora en una dualidad de sabores y olores. Se sentía creativa, avivada por un fuego interno que la consumía y que transmitía a sus amantes en la complicidad del deseo siempre insatisfecho. Pero no podía. Se lo impedía su propia naturaleza introvertida y lo aberrado del secreto que hubiera causado conmoción en la familia.

La China se convencía a sí misma de su buena voluntad. Los encuentros con Kevin no eran porque ella lo necesitaba. Él era un niño, por Dios, pensar que ella, una mujer madura, tenía relaciones con un muchachito inocente era asqueroso. Ella lo hacía porque Kevin era una víctima en su relación con Lauren, más ágil, más desenvuelta, más impura que él. Kevin estaba enamorado de ella como un perrito, y estaba dispuesto a dejar sus sueños y estudiar otra carrera, sólo por no irse de la ciudad y alejarse de Lauren. Kevin no se merecía eso. Era noble, respetuoso, demasiado inocente, y le iban a cambiar la vida y lo más probable era que Lauren lo fuera a dejar por otro a la primera oportunidad, con el corazón hecho añicos, o peor aún, jugando con él como en un partido de ajedrez, mientras buscaba sus beneficios por otra parte. Kevin tenía que fortalecerse, crecer, volverse hombre y ella, la China, tenía el deber de ayudarlo. La vida le regalaba la oportunidad de guiarlo como no pudo hacerlo con su propio hijo, y ella estaba resuelta a hacerlo bien.

Con Migue todo era distinto. Lo casual de los encuentros amorosos les renovaba la lujuria de los años de juventud cerca de los eucaliptos, con la espalda rozando el cemento crudo. Ahora se veían en moteles de baja categoría a los lados de la autopista, o en calles sinuosas de mala reputación. La China se sentía temporal, usada, pero la enardecía el dejarse usar. A fin de cuentas, ella ponía los términos del cómo, cuándo y dónde. Se sentía la querida de su marido y notaba algo pecaminoso en la manera en que se miraban, que la erotizaba y le erizaba la piel. Migue al principio se mostraba cohibido. Siempre le había hecho el amor a la China como a su mujer. Con la mujer no se hacían las cosas que se hacían con las queridas. El éxito del matrimonio y las infidelidades impunes estaba en mantener las cosas separadas. Pero al ver que la China parecía disfrutar la novedad se dejó llevar, y a cada encuentro le proponía cosas nuevas, posiciones atrevidas, juguetes vibrantes y ropa interior provocadora.

A los cincuenta y seis años la China descubría una flexibilidad que desconocía y una disposición para el amor que pensaba que le había sido negada al nacer. Migue pronto empezó a hablar de planes futuros, y ella le tapaba la boca con besos ensalivados. No quería hablar. No quería planificar el futuro. No quería darle ventaja antes de tiempo a la mala suerte, que le respiraba detrás de la oreja. Quería ignorarlo todo y sólo vivir. A fin de cuentas, ¿no era eso lo que decían, qué los ignorantes vivían más felices?

VEINTISEIS

No, el llano no es cosa que sirva.
No hay ni conejos ni pájaros. No hay nada.
Juan Rulfo

Tal y como lo había pronosticado la China, Kevin fue oficialmente invitado por Ramón y Dania al viaje familiar por Acción de Gracias. Alquilaron una hermosa cabaña en las montañas de Carolina del Norte, espaciosa, acogedora, con unas vistas que le robaban el aliento a cualquiera y con todas las comodidades para preparar una cena tradicional que pasaría a la historia.

Ramón alquiló una *mini van* con tres hileras de asientos, y los siete viajaron juntos, conduciendo mayormente de noche para aprovechar la tranquilidad de la carretera y ahorrar tiempo. Ramón, Dania, Daniel y Kevin tomaron turnos para conducir y la travesía transcurrió en paz y sin contratiempos. La China y Kevin evitaban mirarse. Kevin iba junto a Lauren en la hilera de asientos tras el conductor, mientras la China se instaló con Mercedes en los asientos del fondo, que consideraron más cómodos para la anciana, más alejado de las conversaciones de los muchachos y del bullicio de las tabletas y teléfonos celulares.

Al llegar a la cabaña, a la China le pareció que vivía una película: el verde cambiante de la vegetación, la copiosidad de los árboles, la pureza del aire que le entraba por la nariz y le removía todas las impurezas de la vida citadina, limpiándola con cada bocanada de aire exhalado.

Cada miembro de la familia empezó a acomodarse, y a las pocas horas era como si siempre hubieran vivido allí. Habían trasplantado la dinámica de la casa del barrio residencial y la vivían ahora en aquella cabaña de madera de espacios abiertos y luces bronceadas. Dania y Ramón se acurrucaron frente al fuego de la chimenea. Kevin, Daniel y Lauren se fueron a recorrer por los alrededores un río que quedaba bajando unos riscos; y el pueblito más cercano donde había poco más que una gasolinera, un mercado diminuto y un bar cafetería con una mesa de billar en la que jugaron por casi una hora. Llegaron cuando casi caía la noche —y ya Dania los había llamado tres veces para averiguar si se tardaban—, contentos, animados por el cambio de ambiente, desintoxicados del día a día de la casa real.

El *Día de Acción de Gracias* transcurrió como fue planeado por Dania y Ramón. En la mañana fueron a recorrer otros pueblos más alejados y regresaron después de almuerzo. La China y Mercedes se quedaron. Mercedes porque no estaba para tantos paseos y la China para adelantar el pavo de la cena y porque, además —mintió— le dolía un poco la cabeza. Aprovechó para llamar a Migue, y con los ojos doblemente achinados por la luz del día entrando por el ventanal del cuarto, se entregó a una conversación fogosa que terminó con manos húmedas y jadeos distantes.

La cena empezó temprano, sobre las cinco, con un derroche de platos tradicionales, algunos como la salsa de arándanos, que la China nunca había preparado y que requirieron de la mano de Dania. Se sirvió una mesa larga, el pavo asado en el centro rodeado de habichuelas verdes salteadas con pimiento, boniato americano hervido y cortado en pedazos, dos sendas fuentes de puré de papas y para aderezar, salsa *gravy* y la famosa salsa de arándanos servidas en recipientes de cristal. Agregaron una sólida pieza del *meatloaf* que le encantaba a los muchachos, y que cortaron en rebanadas como pan caliente, aunque Dania lo consideraba más un plato americano que tradicional de la ocasión. En cada esquina de la mesa, fuentes de pan de maíz y, en una pequeña mesa aparte, *pies* de calabaza, nueces pacanas y chocolate. Abrieron varias botellas de vino y todos tomaron, excepto Mercedes, a quien el vino se le *subía a la cabeza* y le quitaba hasta el hambre. "Cuando yo era joven era otra cosa. Me encantaban los vinos dulces, la crema de vie, y los traguitos de moscatel...", dijo, dando rienda suelta a sus recuerdos, reviviendo, más que recordando, aquel pasado que era su devoción.

Antes de empezar la comida, según la tradición, todos alrededor de la mesa dieron gracias por la cena, la compañía, la salud, la bienaventuranza, la buena suerte de estar reunidos, los resultados académicos, los planes futuros, el amor, la ilusión, la vida. A la China se le empezó a hacer un nudo en la garganta a medida que se acercaba su turno y, con los ojos mojados de recuerdos, y la voz débil como si alguien se la estuviera halando fuera del cuerpo, dio tímidamente las gracias por estar allí... con ellos... y por... Bajó la vista hasta el plato vacío y no pudo decir más. De pronto lo vio desbordado, desde una comida diferente, abundantes porciones de arroz congrí, carne de puerco asada, yuca y malanga hervidas, ensalada de aguacate y tostones. Escuchó las conversaciones en voz alta de aquella última cena de Acción de Gracias que pasaron en el apartamento de La Pequeña Habana, cuando todavía estaban todos.

De las festividades americanas, Luisito adoptó esa como su preferida, y el 4 de Julio por supuesto, pero solo por el despliegue de fuegos artificiales que surcaban el cielo en la noche desde todos los rincones de la ciudad. "Este niño se nos está volviendo gringo", le dijo Migue y la China asintió, medio resignada ya al hecho de que un día iba a llegar anunciando que se casaba con una rubiecita de un estado de *allá arriba* y que se mudaba, pero satisfecha de que, al menos ese año, su hijo aún prefiriera un menú latino en vez de uno anglosajón para el día de dar las gracias. Habían invitado a Pedro Pablo y su familia, en la pequeña sala comedor improvisaron una mesa larga uniendo dos mesas plegables de jugar dominó, y la llenaron de cada delicia cubana imaginada, sin mucho orden y mucho menos estilo. "Un *San Guibin* a lo cubano", lo había bautizado Migue, y a la China le pareció buena idea agregar a su lista de celebraciones la de un santo de nombre tan extraño y de costumbres que ella hallaba puramente gastronómicas. De nada le valió a Luisito la clase de fonética. *San Guibin* había llegado para quedarse.

"Doy gracias porque tengo los mejores padres del mundo", fueron las palabras de Luisito cuando le tocó su turno de agradecer. Y las palabras retumbaban aún en el tímpano de la China, en la blancura del plato vacío que había perdido la ilusión de llenar.

Ramón y Dania, que presentían lo difícil que una celebración así, debía resultar para la China, trataron de rescatar la situación instando a los muchachos a dar sus últimas gracias y empezar a servirse. "Arriba, antes que se enfríe; y coman despacio, que aquí hay para repetir unas cuantas veces."

Mercedes quiso irse a la cama temprano y la China aprovechó la cobertura para retirarse también. Era a ella a quien el vino se le había *subido a la cabeza* y sentía en la garganta un ardor ácido y un mareo que se agudizaba cuando cerraba los ojos. Se acostó junto a Mercedes, boca arriba, mirando al techo, imaginando qué estaría haciendo ahora Migue, aunque sabía que Mirta y Pepe lo habían invitado a cenar. Pensó en Luisito y su imagen jubilosa atrajo a otra jubilosa también, la de Kevin. De repente le dieron ganas de abrazar al muchacho, de sentirlo tibio contra su pecho, de colocarle la cabeza en la hondonada de sus senos y acunarlo así, y hablarle en un susurro, como acostumbraba a hacer con su Luisito de pequeño para ponerlo a dormir. Afuera la algarabía continuaba. Salió al balcón de la terraza y el aire frío la abofeteó por un momento. Se sentó en una de los butacones del patio, levantó los pies, y se acurrucó allí en forma de ovillo, alejada de la baranda, del aire ululante, del manto de estrellas que se podían divisar en el cielo, enredadas en las copas de los pinos larguiruchos. Allí durmió por un tiempo indefinido el sueño oscilante que el exceso de vino le sembró en el cuerpo. Despertó inquieta, calada de frío, y escuchó jadeos acallados provenientes de la otra esquina de la terraza. El festín había terminado en el comedor y ahora sólo el silencio de los bosques se afianzaba en el aire. La China se quedó acurrucada en su butacón, tratando de volverse invisible. Sin embargo, para los amantes ya lo era. No la habían visto al salir a la terraza. Siguiendo el calor de los cuerpos y la brisa, buscando enfriar sus vapores, la China los imaginó tapándose la boca con la boca del otro, desabrochándose la ropa, empujándose contra la pared, montándose apresuradamente. Sonrió para sus adentros. Su muchacho finamente estaba alcanzando el cielo. Ya era un hombrecito, ya sabía buscar lo que quería, propiciarlo y lograrlo, imponiéndose seductoramente, sin permitir más engatusamientos frívolos. Un orgullo de madre la recorrió, y se hubiera quedado dormida nuevamente al compás de la excitación ajena, si no hubiera sido porque la música cesó de pronto, y las voces acalladas sonaban ahora sorprendidas y avergonzadas por la brevedad de amor. El resentimiento borboteaba ahora en los trozos de conversación que le llegaban hasta su butaca.

La decepción y los reclamos suenan iguales en todos los idiomas, pensó, dándose cuenta que aunque no entendía el inglés que hablaban, sabía exactamente lo que pasaba en aquella otra esquina de la terraza. Kevin derrotado: *I'm sorry*. Eso sí lo entendió. Lauren, con voz gélida, reclamando algo que no podía precisar pero que terminaba en "nothing". *Nothing*, que era nada. Nada, que era derrota. Derrota, que era humillación. Humillación, que le dolía ahora en el alma como humillación propia. Su misión no estaba terminada. Su muchacho "no estaba listo aún", sentenció tristemente. Esperó unos minutos después que ellos se retiraron y regresó al cuarto con Mercedes, quien dormía plácidamente, ajena a las turbulencias del vino y el mal amor.

VEINTISIETE

Yo no hablo de venganzas ni perdones. El olvido es la única venganza y el único perdón.

Jorge Luís Borges

Las casi dieciocho horas de camino en el autobús con emblema y nombre de galgo le parecieron eternas. En unos veinte minutos llegaría a Miami, donde Migue debía estarla esperando. Cuando lo llamó para pedirle que fuera a buscarla a la estación, Migue se mostró sorprendido.

– ¿Tú no estás en Carolina del Norte, con esa familia? ¿Qué pasó? ¿Se rompió el carro allá?

– Migue, todo está bien. Ellos decidieron extender la estancia y yo quería regresar ya, así que voy en autobús. ¿Me puedes buscar, por favor?

– Pero no entiendo, China –ahora Migue sonaba desconfiado, como quien sabe que le están escondiendo información–, esas cosas no son así, de ahora para luego. Además, me parece raro que te estén dejando regresar sola. ¿Pasó algo que no me estás diciendo? ¿Te peleaste con alguien? ¿Te botaron? ¿Te humillaron, China? Yo te lo dije, que eso de trabajar de criada en casa de alguien era una bomba de tiempo…

– Migue, Migue, escúchame. ¡Todo está bien! Llego mañana a mediodía. Te pongo un mensaje para confirmarte la hora. Ahora tengo que dejarte porque mi teléfono tiene poca batería y voy a apagarlo.

Y así dejó a Migue con la palabra en la boca, ignorando la sarta de preguntas que presentía saliendo a borbotones del otro lado del auricular.

Había dormido la mayor parte del viaje. Era como si un cansancio milenario se hubiera apoderado de su cuerpo, tomándolo como rehén y obligándola a acurrucarse en el puesto con la cabeza recostada al cristal empolvado del autobús. Se había tomado un diazepan y eso ayudó al sueño, despejando cualquier sensación de incomodidad. En la última parada antes de llegar a Miami, se bajó a refrescarse. Se lavó la cara, los dientes y hasta se puso crema, perfume y polvo en la cara. Se acomodó el pelo en una rosca cerca de la nuca y regresó a su asiento, evitando mirar al espejo que trataba de devolverle una imagen de una china que no era ella. No tenía hambre pero se compró un pomo de agua y un bocadillo pre envasado de pan con jamón porque, aunque se moría por un buchito de café, no hablaba ni entendía el inglés atropellado de los empleados del puesto de servicios, y no se sentía con fuerzas para lidiar con la incomunicación.

De vuelta en su asiento, se concentró en el paisaje liso de la autopista a su lado, inventando montañas, tratando de no pensar. Desde que Ramón la dejara en la estación de autobuses, cerca de Raleigh, trató en vano de esquivar sus propios pensamientos que llegaban una y otra vez, formando una vorágine incontenible.

La mañana luminosa. El dolor de cabeza naciéndole de las sienes. Mercedes despierta desde temprano. "Su desayuno Mercedes, le hice huevos revueltos, café con leche y pan con mantequilla. Yo sé, después de la comida de anoche no debe tener ni hambre, pero no se puede pasar hasta el mediodía sin comer." Poner y quitar el lavaplatos. Recoger la mesa tratando de no hacer ruido. "Todos duermen. La paz de este bosque ha hecho efecto y se les han pegado las sábanas." Dos *Tylenol* y un vaso de agua. Café con leche también. El estómago aún revuelto de la noche anterior. El comedor finalmente recogido. Kevin despierto. Kevin frente a ella. Kevin con círculos oscuros y abultados debajo de los ojos de luchar contra el insomnio y finalmente dormirse sin sueño. Kevin con una erección matutina mal disimulada y la vergüenza de una noche de incapacidad aun enturbiando su mirada. La

China y el dolor en las sienes, y el otro en el pecho. La China abrazando a Kevin, acurrucándolo, con su cabeza entre los senos de ella. "Los vi anoche", hablándole ahora bajito. Hubiera querido decirle que esas cosas pasan. Que no tenía que decir: *I'm sorry*. Era normal que pasara porque llevaba mucho tiempo soñando con poseer a su princesa. Kevin sorprendido, apenado, avergonzado. ¿Cómo sabía? ¿Dónde había estado? ¿Qué había mal en él? La China seguía sin responder preguntas innecesarias. No había nada mal en él, en su fisonomía o su mente. Era solo cuestión de relajarse. Ella se lo iba a probar. Él iba a ver que su masculinidad no estaba traumada. Era capaz de satisfacer a una mujer. La China halando a Kevin por la mano, metiéndolo en el baño, bajándole el pantalón y regalándole el calor de su boca, llena de palabras dulces. Kevin temblando ante la succión revitalizadora. Y entonces Dania. Y el grito ahogado. El terror en los ojos de Kevin. La doble vergüenza. "¿Tú te volviste loca? ¿Qué es esta perversión? ¡Ramón!" Y luego la falta de palabras, el asco, la mirada de crítica y el dedo acusador.

Lo que más le dolía era la cara desconsolada de Kevin, quedando a merced de la Inquisición, preguntándole, acusándola más bien. "Contigo funciono. ¿Por qué? ¿Qué me has hecho? ¿Por qué?

– Ramón, yo sé que no tengo derecho a pedir nada... –le dijo al llegar a la estación de autobuses. Habían hecho el viaje en el más sepulcral de los silencios y ahora la voz le salía ronca, como de ultratumba–, pero en el armario de su casa tengo una maleta de recuerdos. Son las cosas de mi hijo. ¿Podría pasar a buscarla? Por favor. Por lo que más quiera. Es todo lo que necesito.

Ramón permaneció en silencio unos segundos, como sopesando su respuesta, compadeciéndose de aquella mujer terriblemente perturbada.

- Yo te llevo tus cosas a casa de Pepe. Esa maleta también. Adiós, China –sin mirarle a los ojos, cerró la puerta del auto y partió, en dirección a la cabaña, escondida en el bosque de la desilusión.

VEINTIOCHO

No te nombro; pero estás en mí como la música en la garganta del ruiseñor aunque no esté cantando.
Dulce María Loynaz

Cuando el autobús llegó a la estación, la China fue la última en bajar. Para ese entonces, ya sabía que Migue no la estaba esperando. Le envió varios mensaje de texto y lo llamó dos veces, sin conseguir respuesta. Dania debía haber llamado a Mirta para contarle la historia, y posiblemente sus maletas estuvieran ya en la casa de ellos. Era de esperarse que Migue también supiera. Noticias menos jugosas viajaban a la velocidad de la luz en aquel pueblo grande, donde el hastío recorría las calles disfrazado de automóvil del año.

Desde que retornara a su asiento después de la última parada, la China no hizo otra cosa que pensar. Pensaba en todo, con la agudeza que no tuvo en mucho tiempo. La que se bajó del autobús en su destino final, era otra China, quizás la que la había mirado desde el espejo en el baño de la estación. Esta China, más china que nunca, más hermética y más desarraigada que nunca, había hecho las paces consigo misma. Las casi dieciocho horas de camino le sirvieron para sufrir, dormir y luego aceptar su suerte, ni mala ni buena, sino suerte a secas. El viaje la ayudó a sudar la fiebre de su vergüenza, de su confusión, de las consecuencias de sus acciones, y terminó diciéndose a sí misma que de nada valía juzgarse cuando allá afuera había un mundo dispuesto a hacerlo por ella, a la más breve oportunidad.

Y no se equivocaba. Su teléfono guardaba mensajes infames de una Dania frustrada, de una familia cuya confianza había transgredido. Tomó un taxi que la llevó hasta la casa de Mirta y Pepe, quienes le abrieron la puerta con la imagen viva de la decepción en sus caras alargadas por la humillación ajena. En una esquina de la sala la aguardaban sus maletas, sus recuerdos, su hijo... y la China suspiró y sonrió para sus adentros. Ramón cumplió su promesa. Era más de lo que podía esperar del género humano y se sintió afortunada y feliz. Cuando Migue le contestó el teléfono fue sólo para gritarle puta, pervertida, y que no podía creer que ella hubiera hecho eso y le hubiera hecho eso a él. La China no lo dejó seguir en su catarata de agravios y colgó la llamada, preguntándose cómo era posible que se hubiera hecho tanto daño a sí misma, ignorándose por tantos años.

– China, tú tienes que estar mal de la cabeza –le dijo Mirta con la mirada compasiva del que observa un enfermo terminal–. ¿Es verdad eso? ¡Yo no lo puedo creer! China, tú estás enferma. No sé qué te pasó, ni cómo, ni cuándo, pero algo está podrido dentro de ti y quizás no es tu culpa pero... China... nadie tiene la culpa de tu mala suerte...

Mirta había dicho las palabras claves. Nadie era culpable. Tampoco ella lo era. Le tomó tiempo darse cuenta de que su juego a los escondidos con la mala suerte terminó antes de empezar y ella, ensimismada en su dolor, no se había percatado. No era el momento de recapitulaciones, sino de actuar.

Pepe no le había dirigido la palabra desde que llegara y se negó a sentarse a la mesa a comer con ella. Mirta le dijo que sólo podía tenerla en la casa por tres días, que el bochorno era mucho, a fin de cuentas ellos la recomendaron, aquella familia estaba destruida, y ellos *no sabían dónde meter la cara*.

Migue se apareció en el parqueo de Mirta y Pepe la segunda noche después que ella regresara del viaje. La llamó y le dijo en tono de mandato: "Baja". Ella bajó. Sin decir palabras, entró en el carro que olía a cigarro y alcohol. Migue arrancó y no dijo una sola palabra hasta que llegaron al cuarto de un motel cercano. "Quítate la ropa", le pidió con brusquedad y ella obedeció, más por complacerlo que por curiosidad. Sabía que nada del amor frenético de los días pasados corría por las venas de un Migue vengativo y con el orgullo destrozado. La tiró sobre la cama y le hizo el amor agresivamente, jalándole el pelo, poniéndola en cuatro pies y dándole nalgadas con sus pesadas manos de mecánico, que le dejaron marcas rojizas en la piel por algunas horas. "Como una puta, puta de jovencitos, vieja frustrada y enferma de la cabeza. Me das asco. ¡Ese niño puede ser tu hijo!" Y era verdad. Pero Migue no sabía cuánto. Él no tenía idea de que aquel muchachito era como su hijo. No sabía lo que estaba diciendo. Para el juzgado, la verdad era sólo blanco y negro.

La China soportó la vejación con una idea fija en la cabeza. Luisito. Luisito y su anhelado viaje a Siboney. Migue necesitaba quitarse la rabieta para seguir viviendo, para encontrar un sentido a su vida, a la que le quedaba por delante. Sintió pena por él, porque sabía que él la quería, porque sabía que le había hecho daño y que este ataque sólo mostraba que era un barco a la deriva, sin capitán ni tripulación para enfrentar una nueva travesía. Pero también sabía que su vida con Migue no tenía futuro, tal y como hacía tiempo que ya no tenía pasado. En su cabeza lo tenía todo claro, no podía inmolarse y, aunque, visto con ojos ajenos, lo que Migue le hacía era una humillación, ella se sentía superior, fuerte, en control de su suerte.

A la mañana siguiente, después de tomarse otros dos *Tylenol*, esta vez para ayudar con el dolor del cuerpo, la China se vistió y salió a la calle. Parecía que le había pasado una aplanadora por encima. Se sentía físicamente debilitada, pero no sucia, no indigna, no confundida. Ya no más. Llegó a la agencia de viajes más cercana, empujó la puerta y entró. Varias personas esperaban, mientras otras eran atendidas. Aguardó razón de media hora y, cuando finalmente le llegó su turno, le pidió a la muchacha de sonrisa falsa y modales bruscos un pasaje para Santiago de Cuba, para el día siguiente. La muchacha la miró extrañada y empezó a hacer preguntas con una familiaridad no otorgada. La China respondió brevemente, sin entrar en muchos detalles, y la muchacha desistió al rato. Su única hermana enferma iba a morir –por segunda vez–, pero prefirió omitir ese detalle. No creían que durara dos días más. Y ella tenía que verla antes de que se muriera.

– El último que me queda para mañana. Por estos días ya todo está vendido hasta Enero. Te pusiste de suerte –la China sonrió y sus ojos se iluminaron con un destello de esperanza.

– Eso parece. Gracias –dijo, y salió al calor de la calle.

Era de madrugada aun cuando pidió otro taxi que la llevara el aeropuerto. Sobre la cama dejó una nota para Mirta y Pepe, las únicas personas a las que debía una disculpa sincera. Había otra nota para Migue. Más corta. No de disculpa, sino de despedida. Con su hijo en una maleta y sus cosas más esenciales en otra, la China partió de la tierra a la que nunca había pensado llegar, más sola que antes; también más liberada. Sus ahorros debían ser suficientes para vivir por unos meses en Siboney. A partir de ahí, la vida se acomodaría sola, pensó. No le importaban las legalidades porque de todas maneras pensaba vivir como un fantasma en un lugar remoto, donde a nadie se le ocurriría buscarla.

Cerró los ojos cuando imaginó que sobrevolaban Cayo Hueso y no los abrió hasta que anunciaron el aterrizaje en el aeropuerto Antonio Maceo de Santiago de Cuba. Ya sentía en la piel la rudeza de la sal y el vigor de las olas que se romperían contra su cuerpo. Moriría frente al mar que la reuniría con su hijo, y sería parte de la arena que apenas un siglo antes, sólo había sido roca.

"Mala suerte de mi vida, eres lo mejor que me ha pasado." Una brisa caliente la abrazó y sus ojos perdidos se regalaron a la inmensidad del sol, mezclándose suavemente con el salitre de la tarde.

www.ingramcontent.com/pod-product-compliance
Lightning Source LLC
Chambersburg PA
CBHW032123090426
42743CB00007B/444